Renate Kauderer

Mystische Raunächte

Verbunden mit unseren Wurzeln

Mythen, Kult, Räucher- und Tarotrituale
für eine inspirierende Zeit der Neuorientierung

Impressum

ISBN 978-3-9503758-9-3

2. Auflage Mai 2023

© 2023, Mag.ᵃ Renate Kauderer, Graz
RK Kräuter College Kauderer KG – alle Rechte vorbehalten
www.rauch-zeichen.at

Layout / Satz: © print-verlag
© Bilder: Fotolia.com
Illustrationen: Monika Stanke
RIDER-WAITE®Tarot-Karten (ISBN 978-3-905021-30-1):
**Mit freundlicher Genehmigung des Königsfurt-Urania Verlag,
Krummwisch, © US Games Systems, USA, und AG Müller,
Neuhausen / Schweiz, www.koenigsfurt-urania.com**

Lektorat: Mag.ᵃ Lilly Jäckl
Lektorat Tarot-Inspirationen: Mag.ᵃ Dr.ⁱⁿ phil. Helga Müllneritsch

Produktion: Primerate

Haftungsausschluss

Die in diesem Buch vorgestellten Informationen sind sorgfältig recherchiert und wurden nach bestem Wissen und Gewissen weitergegeben. Dennoch übernehmen Autorin und Verlag keinerlei Haftung für Schäden irgendeiner Art, die direkt aus der Anwendung oder Verwendung der Angaben in diesem Buch entstehen. Die Informationen in diesem Buch sind für Interessierte zur Weiterbildung gedacht. Bei gesundheitlichen Störungen sprechen Sie sich unbedingt mit Ihrem Arzt ab. Die vorgestellten Methoden bieten keinen Ersatz für eine therapeutische oder medizinische Behandlung.

Inhaltsverzeichnis

Vorwort

Die Zeit rund um die Sonnenwende und den Wechsel der Jahre hat die Menschen seit grauer Vorzeit fasziniert. Unsere naturverbundenen Vorfahren, die im Einklang mit dem Rhythmus der Erde lebten, spürten die schöpferischen Kräfte, welche in dieser Zeit des Wandels am Werk sind. In archaischen Ritualen feierten sie die lebensspendende Kraft des Lichtes und der Fruchtbarkeit. Aus ihrer Geschichte wurden die Mythen dieser geheimnisvollen Wintertage, die sich beinahe unter dem Mantel des Brauchtums verloren haben. Sie prägen uns auf einer tief verborgenen Ebene als Bindeglied zu unseren Ahnen.

Mit einer Fülle an Informationen, Legenden und Mythen führe ich Sie zu den Wurzeln des kultischen Brauchtums zurück, die weit in vorchristlicher Zeit liegen, als der mündlichen Überlieferung gegenüber der geschriebenen Vorrang gegeben wurde. Diese geheimnisvollen Tage sind innig mit der Pflanzenwelt verbunden, deren immergrüne Lebenskraft die Mysterien der Wandlung hüten.

Eine Ritualreise durch den Zauber dieser Tage und Nächte ermutigt Sie, der Stimme des Herzens und der verborgenen Weisheit der Seele zu folgen. Auf dieser Reise erleben Sie inspirierende Räucherrituale mit dem balsamischen Duft der Winter-Mysterienpflanzen und ihren Botschaften. Meditationen sowie die Verbindung mit der Weisheit der Tarot-Schlüssel erschließen den Zugang zum Wissen längst versunkener Kulturen. Tauchen Sie in den Zauber dieser geheimnisvollen Tage und Nächte ein, um im Einklang mit den Kräften der Natur Ruhe, Freude, Weisheit und kraftvolle Neuorientierung zu erfahren.

Renate Kauderer
Mai 2023

1

Die Zeit
zwischen den Zeiten

Advent – Zeit der Vorbereitung

Kaum ein anderer Zeitpunkt im jahreszeitlichen Ablauf offenbart die Entfremdung des Menschen vom Rhythmus der Natur mehr als der Advent. Während die Erde ruht, laufen die Vorbereitungen für Weihnachten und den Jahreswechsel in atemloser Hast.

Für unsere Ahnen war es eine Zeit des Ausruhens und des Rückzuges in die Sicherheit des Hauses. Im Kampf gegen die lebensbedrohenden Elemente wuchs die Gemeinschaft zusammen. Man versammelte sich vor dem wärmenden Feuer, um einander Geschichten zu erzählen und zu spinnen. In den tanzenden Flammen träumte man sich in andere Realitäten, der Geist wurde weit und wanderte durch die Landschaft der Seele. Die Schleier zwischen den Welten hoben sich und enthüllten dem Suchenden Geheimnisse, verborgene Kräfte und den Blick in die Zukunft. Das Leben stand in der klaren Winterluft förmlich still. Im kraftlosen Licht der fahlen Wintersonne erscheinen die immergrünen Nadelbäume voller leuchtender Lebenskraft, die dem Tod zu widerstehen scheint.

Aus dem tief verschneiten Winterwald kam der „Grüne Mann" geschritten, um Mensch, Tier und Landschaft zu segnen. Sein Segen war die Kraft und das Versprechen, dass das Leben sich immer erneuert und das Licht wiedergeboren wird. Mit Tannen- und Stechpalmenzweigen geschmückt, verweist er auf die geheimnisvollen Winter-Mysterienpflanzen, die das Leben bewahren und Hoffnung symbolisieren. Dieser Alte lebt heute im Weihnachtsmann und Nikolaus weiter, welche lebensspendende Äpfel und Haselnüsse im Gabensack tragen. Was er mit seiner Haselrute berührt, erhält den Segen der Fruchtbarkeit.

Nie ist der Sternenhimmel beeindruckender als in den frostklirrenden, dunklen Winternächten, wenn der Mensch in meditativer Schau mit

dem Kosmos verschmilzt. Schnee bedeckt die Felder, damit die Erde Kraft für den nächsten Zyklus schöpfen kann. Das Licht der feinstofflichen Welt scheint sich in diesem blendenden Weiß zu fangen. In allen Regenbogenfarben schimmern und glühen Schneekristalle und verzaubern jene, die ihr Herz öffnen. In den Wochen vor Weihnachten wird die Energie zunehmend feiner, die Schwingung höher, damit der Schleier zwischen den Welten hauchzart wird. Die Ahnen sind uns jetzt besonders nah. In den Raunächten vernehmen wir ihr Raunen immer deutlicher und drängender. Wir fühlen die Wurzeln, aus denen wir kommen.

Noch während wir auf den dunkelsten Punkt des Jahres zusteuern, beginnt mit dem Eintritt der Sonne in das Tierkreiszeichen Schütze die Feuer- und Lichtenergie im kosmischen Wirken zuzunehmen. In ihrem Lauf durch das Jahr verleiht die Sonne den drei Feuerzeichen im astrologischen Tierkreis unterschiedliche Qualitäten. Von der vorwärtsstürmenden Kraft des Widders und der glühenden Sonnenenergie des Löwen, ist die Feuerkraft im Schützen zum spirituellen, inneren Leuchten des Suchenden transformiert. In diesem Feuer manifestiert sich der Stern von Bethlehem, der den Weg zum Christuskind weist. Unter der weiten Stille des winterlichen Sternenhimmels bereitet sich alles im Advent auf die Geburt des Lichtes vor.

Die Wochen vor Weihnachten sind eine wunderbare Zeit, um Vorbereitungen zu treffen, das alte Jahr abzuschließen, zu ordnen, zu ruhen, zu danken und Ausgleich zu schaffen. In den Tagen unmittelbar vor der Wintersonnenwende kommt es förmlich zu einer Bündelung der energetischen Kräfte. Die Zentrierung liegt auf dem bevorstehenden Ereignis der Geburt des Lichtes tief im schützenden Schoß der Erde. Kraft bindet sich in Form, um den energetischen Umschwung im Jahreszyklus einzuleiten.

Mystische Raunächte

Der Ursprung der 12 Raunächte liegt in der unterschiedlichen Zeitbemessung von Mond- und Sonnenjahr. Während ein Mondjahr 354 Tage zählt, weist das Sonnenjahr 365 Tage auf. Die Differenz von 11 Tagen oder 12 Nächten umfasst als kalendarisches Niemandsland die Zeit zwischen Mond- und Sonnenjahr in all seiner geheimnisvollen und magischen Bedeutung. Die Erforschung der Wurzeln und Phänomene der Raunächte bringt uns weit in die vorchristliche Zeit zurück. Vielfach wurde das keltische und germanische Erbe unserer Vorfahren von christlichem Gedankengut und Brauchtum überlagert. Wenn in diesen Tagen die ungezähmte Gewalt winterlicher Stürme über das froststarre Land braust, entscheiden Sphären jenseits menschlicher Einflussnahme den Kampf zwischen Dunkelheit und Licht. In den langen, dunklen Nächten meinte man im Toben des Windes Geistwesen um das Haus heulen zu hören. Der Mensch begegnet in solchen Nächten den Ängsten und Schatten in der Landschaft seiner Seele und stellt sich ihnen.

Unsere keltischen Vorfahren liebten die mystische Zeit zwischen den Zeiten. Das „In between" und „In betwixt" nannten sie diese unwägbare Zeitspanne, in der alles möglich schien und die Ebenen der Wirklichkeit verschmolzen. Auch die Kluft zwischen dem Ende eines alten Tages und dem heraufdämmernden neuen Tag war so eine magische Zwischenzeit, in der die Geistwesen dem menschlichen Wahrnehmungsvermögen nahe waren und noch sind. Am Übergang von einer Stunde zur nächsten, von einem Jahr zum nächsten, konnte immer Außergewöhnliches geschehen und die Tore der Anderswelt gestatteten den Übertritt von Wesen. Unsere keltischen und germanischen Vorfahren ehrten diese geheimnisvolle Zeit zwischen den Jahren, in

der sich die Tore der Welten öffnen und das Jahresrad still steht. Kein anderes Rad, wie etwa das Spinnrad, durfte sich nun drehen. Auch gewebt, gewaschen und geputzt durfte nicht werden. Das Raunen der Ahnen und wohlmeinender Geistwesen war in diesen Tagen hörbar und bot Schutz und Führung in eine segensreiche Zukunft.

Am Beginn dieser Zeit übernimmt mit der Wintersonnenwende Saturn, der Regent des Sternzeichens Steinbock, die Herrschaft über den letzten Jahresabschnitt. Er ist der greise Hüter der Schwelle, der uns in das neue Jahr führt. Er ist der äußerste der Wandelsterne. Hinter ihm öffnet sich das Tor zu den unergründlichen Weiten des Fixsternhimmels. Der weise Gott der Schwelle bewacht den Übergang zwischen der sichtbaren und der unsichtbaren Welt, zwischen Wachbewusstsein und Unbewusstem. Er fordert Geduld ein, klare Strukturen und die Besinnung auf das Wesentliche. Auf seiner fernen Bahn wandert er beinahe 30 Jahre um die Sonne. Oft wird sein archetypisches Prinzip als „Sensenmann" dargestellt. Der Schnitter, der den Tod bringt, trägt den Keim der Erneuerung schon in sich. Saturn war auch der römische Gott des Ackerbaues und des Rechts. Struktur und Ordnung, Tod und die Saat der Erneuerung prägen das menschliche Schicksal mit seiner Handschrift. Saturnkraft schwingt in der Stille der dunklen Winternächte, wenn der Zauber der Sternenwelten die Seele berührt.

Der greise Planetenkönig gleicht dem Eremiten aus dem Tarot, der, in schlichtes, graues Gewand gehüllt, die Laterne mit dem Licht des Hexagramms in der Hand hält, das in den geheimnisvollen Raunächten zum Licht der Selbsterkenntnis werden kann. In der meditativen Innenschau wird Saturn, der Gott der verborgenen Weisheit, zum Führer auf dem Weg zu versöhnender Erneuerung durch die eigene Unterwelt.

Es ist eine besinnliche Zeit, das heißt, wir besinnen uns, halten inne, überprüfen unseren Lebensweg und öffnen all unsere Sinne, um mit der inneren Stimme und den feinstofflichen Sphären Verbindung aufzunehmen. Wir weben die Fäden unseres Schicksals, um aus dem wirbelnden Chaos der Raunächte die Struktur für einen neuen Zyklus entstehen zu lassen.

Die Wortherkunft

Der Name *Raunächte* lässt sich nicht eindeutig herleiten. Man vermutet, dass der Ursprung im mittelhochdeutschen Wort *ruch* in der Bedeutung von *haarig, rau, grob* und *ungezähmt* liegt. Der Bezug zu den in Felle gehüllten, dämonischen Geistwesen dieser Nächte scheint hier gegeben. Eine andere Herleitung bringt die Wortherkunft mit *Rauch* und *Räuchern* in Zusammenhang. In diesen geheimnisvollen Tagen wurden Haus und Hof geräuchert, um die dunklen Mächte fernzuhalten, Krankheitsdämonen zu vertreiben und den Segen der Götter zu erbitten. Die Kraft der Kräuter und Harze zog im duftenden Rauch durch die Räume und entfaltete in den althergebrachten Räucherritualen ihren Segen. Früher wurde in den „Rauchnächten" täglich geräuchert, um sich mit der Kraft der Pflanzenwesen auf eine bestimmte Tagesqualität einzustimmen. Auch das Wort *raunen* klingt in Raunacht an. Das Raunen der Ahnen und Geister war für unsere Vorfahren ein wichtiger Begleiter in diesen Tagen, um Hinweise und Ahnungen (*Ahnen*) für die Zukunft zu erhalten.

Verschiedene Namen für eine Zeit

Die Zeit zwischen den Jahren ist unter verschiedenen Namen bekannt, die Aufschluss über ihre Bedeutung und das damit verbundene Brauchtum geben.

Losnächte

wurden diese Tage genannt, weil das Losen oder Orakeln ein wichtiges Brauchtum dieser Zeit ist. *Losnächte* leitet sich vom althochdeutschen *liozan* in der Bedeutung von *erlosen* und *wahrsagen* her. Auch eine Verbindung zu *losen*, im Sinne von *hören* oder *zuhören,* klingt an, denn man versuchte, die Hinweise wohlmeinender Geistwesen aus anderen Seinsebenen zu vernehmen, um Aufschlüsse über zukünftiges Geschehen zu erhalten. Die Wörter „losen" und „zualosen" haben heute noch in der Sprache des Volkes ihren alten, angestammten Platz.

Kartenorakel, Pendeln, Runenorakel und Bleigießen waren in den langen Nächten beliebte Rituale, die Zeichen für die Gestaltung einer glücklichen Zukunft lieferten.
Unverheiratete Burschen und Mädchen versuchten über die Befragung des Orakels den künftigen Partner gezeigt zu bekommen. Die Frage „Was bringt die Zukunft?" ist zum Jahreswechsel besonders präsent. Um sie zu beantworten, erfreut sich das Bleigießen in der Silvesternacht nach wie vor ungebrochener Beliebtheit. Blei ist dem Planeten Saturn zugeordnet. Er ist der Planet, dem diese Jahreszeit und das Sternzeichen Steinbock unterstehen.

Rauchnächte

heißt diese Zeit wegen der vielen Räucherrituale, die man zum Schutz und Segen von Menschen, Tieren und Orten durchführte.

Glöcklernächte

leiten ihren Namen vom mittelhochdeutschen Wort *klocken* in der Bedeutung von *anklopfen* ab. Dahinter steht ein alter Einkehrbrauch, bei dem man von Tür zu Tür zog und anklopfte. Der Name steht in unmittelbarer Verbindung mit dem Glöcklerlauf im Salzkammergut, bei dem die Glöckler als lichtvolle Geistwesen die dämonischen Raunachtsgeister der Wilden Jagd vertreiben.

Schweig- oder Stillnächte

beziehen sich auf die Stille, die in der Natur zu dieser Jahreszeit herrscht.

Schwarze Nächte

deuten auf den jahreszeitlichen Stand der Sonne, der die lange Zeit der Dunkelheit bewirkt.

Die Zwölften

haben besonders im süddeutschen Raum Eingang in den Sprachgebrauch gefunden und nehmen Bezug auf die Anzahl der geweihten Nächte, in denen Bilanz gezogen, Unrecht gesühnt und bestraft und das Leben in eine neue Form gegossen wird.

Die Anzahl der Raunächte

ist von Region zu Region verschieden. Vier Tage waren von besonderer Bedeutung:

21.12. | Wintersonnenwende
24.12. | Mutternacht
31.12. | Silvester
 5.1. | Perchtennacht

Mancherorts legt die Überlieferung die Raunächte vom Weihnachtsabend (24. auf den 25. Dezember) bis zum 5. Jänner fest. In anderen Gegenden ist die Zeit vom 21. Dezember bis zum 6. Jänner überliefert. Der 4. Dezember, der Tag der heiligen Barbara, zählt ebenso im weiteren Sinn zu den Raunächten wie Allerheiligen, die Nacht vom 1. auf den 2. November und Michaelis am 29. September.

Die heilsame Kraft der Dunkelheit

In der Genesis begegnet uns Gott als der Urgrund allen Seins, der aus der Finsternis die Schöpfung hervorbringt. Die Evolutionsforschung berichtet, dass die ersten Lebensformen im Urmeer in undurchdringlicher Finsternis und Stille existierten. In der Dunkelheit vollzieht sich das Geheimnis der Schöpfung und begann die menschliche Evolution. In den langen Nächten der Raunachtszeit wird uns die heilige Beziehung zur Dunkelheit ins Bewusstsein gerufen. Wir verwenden den Begriff „Dunkelheit" oft als Synonym für schmerzvolle Erfahrungen oder einen Bewusstseinszustand des emotionalen Abgrundes und der geistigen Orientierungslosigkeit. Die Verknüpfung von Dunkelheit mit böse und Licht mit gut entspringt einer christlich geprägten Betrachtungsweise. Der Kampf zwischen Licht und Finsternis, wie er in den 12 mystischen Tagen und Nächten der Raunachtszeit stattzufinden scheint, assoziiert den Kampf zwischen Gut und Böse.

Die Erleuchtung, nach der der Mensch sich sehnt, findet in der Mystik der Dunkelheit statt. Der Eintritt der Seele in diese Welt erfolgt nach einer neun Monate dauernden Vorbereitung in der dunklen Geborgenheit des mütterlichen Schoßes. In dieser tiefen Dämmerung beginnt die Seele ihre irdische Reise und ist noch dicht mit der Seinsebene ihrer spirituellen Heimat verwoben. Viele Einweihungsrituale aus unterschiedlichen Kulturen fanden in der Dunkelheit von Höhlen, die ein Sinnbild für den mütterlichen Schoß der Erde sind, statt. Hier suchte man nach Antworten auf Fragen, die die Menschheit seit Urzeiten bewegen. Wer ist mein innerstes Selbst? Was ist meine Bestimmung? An diesen Orten erbat der Suchende eine Vision seines spirituellen Weges.

Für den Menschen des 21. Jahrhunderts ist die äußere Welt hell geworden. Kaum einer erträgt die Abwesenheit von Licht ohne ein Gefühl der Befremdung, der Orientierungslosigkeit und des Unbehagens. Der blendenden Welt im Äußeren steht die Einladung der Dunkelheit gegenüber. In ihrem Schutz leuchten die hellsten Sterne, in ihrer nährenden Geborgenheit findet der Geist den Weg zu seinem ureigensten hellen Selbst. Der moderne Mensch hat großteils verlernt, sich der Dunkelheit zu übergeben, um das Licht zu erkennen. Der Sehsinn ist der Gralshüter der Welt, die wir erforschen. Es ist die heilende Kraft der Dunkelheit, die die fordernden Eindrücke der Außenwelt verstummen und den Geist ruhig werden lässt. Wenn wir die Augen schließen, treten wir aus der äußeren Welt in die mystische Landschaft unserer Seele, wandern zum Brunnen unserer verborgenen Weisheit und verbinden uns mit der Energie des Universums. Während die Seele das Land ihres Ursprunges durchwandert, öffnet sich unser Geist für Visionen und wir sehen mit unseren inneren Augen das, was wir im Licht nicht wahrnehmen können. Die Bilder, die unsere inneren Augen in der Dunkelheit zu sehen vermögen, können uns magische Inspiration und Führung auf dem Pfad der Suche sein. Die Dunkelheit gibt uns Raum für die Stille des Geistes, um die Kraft und Weisheit in uns zu entdecken, die das Menschliche mit dem Göttlichen verschmilzt.

Die 12 magischen Nächte sind eine Aufforderung, die Balance zwischen Licht und Dunkelheit in uns anzunehmen und in der Wertschätzung der Zeit ohne Licht die heilsame Kraft der Nacht zu würdigen. So erfahren wir das Geschenk der Dunkelheit in diesen geheimnisvollen Tagen als Chance des spirituellen Wachstums. Es sind die Zeiten der Dunkelheit in unserem Leben, in denen wir geformt werden und am meisten lernen. In diesen rauen Phasen wachsen wir über uns selbst hinaus und gehen über die Brücke der Erkenntnis auf eine neue Bewusstseinsebene, wo uns alles in frischem, strahlendem Licht erscheint. Wenn die Schleier zwischen den Ebenen der Wirklichkeit in den Raunächten dünn sind, erlaubt uns der Rückzug in die Dunkelheit mit unseren inneren Augen wahrzunehmen, um sehend zu werden.

Die Wilde Jagd

Wenn die Winterstürme über das Land toben und die Frostriesen mit ihrem todbringenden Hauch durch die kurzen Tage und die endlos scheinende Dunkelheit der Raunächte stapfen, zieht Odin mit seiner Wilden Jagd über Berg und Tal. Im südgermanischen Raum trug der zauberkräftige Gott aus dem hohen Norden den Namen Wotan. In *Wotan* schwingt das Wort *Wut* mit, womit die ungezügelte, entfesselte Kraft der Stürme beseelt ist, mit denen Wotan das Land überzieht.

Der Herr der Stürme reitet mit seinem achtbeinigen Schimmel Sleipnir über die Wolkengebirge. Die acht Beine des göttlichen Reittiers werden von Mythenforschern als Totenbahre interpretiert. Sleipnir trägt den Gott mit den schamanischen Zügen durch die Begrenzungen von Zeit und Raum, von der Welt der Lebenden ins Reich der Toten und wieder zurück. In den geweihten Nächten sind die Schleier zu den nicht sichtbaren Sphären hauchzart, sodass das menschliche Auge auch die Raben Hugin und Munin auf den Schultern des Gottes wahrnehmen kann. Ihre dunklen Schwingen überqueren die Brücke zur Vergangenheit und Zukunft und ermöglichen Wotan auf ihrem Flügelschlag die Zeit zu durchqueren. Der Mythos des Raben ist in vielen Kulturkreisen vertreten. Sein schwarzes Gefieder symbolisiert die dunklen Kräfte und macht ihn zum Tier der Hexen und Magier. Seine Intelligenz wird mit übersinnlichen Fähigkeiten und der Magie der Prophezeiung in Verbindung gebracht. Im persischen Mithraskult war der Rabe der heilige Vogel des Lichtgottes. Die Wölfe in Wotans Begleitung sind in vielen Kulturen mächtige Totemtiere, die demjenigen, mit dem sie verbunden sind, Stärke verleihen und auf seine Bestimmung als Anführer hinweisen. Für sibirische Völker ist der Wolf das Krafttier starker Schamanen. In der keltischen Kultur schützte und führte der Wolf die

Gemeinschaft. Mit dem Wolf als Führer und Lehrer war der Anführer befähigt, den Stamm sicher und weise zu lenken. Als Begleiter Wotans weisen die Wölfe den Gott als mächtigen Schamanen aus. Geister, Tote und wilde Hunde vervollständigen die johlende, tobende Meute, die mit Hörnerschall und Hundegekläff durch die Luft zieht. Wer unvorsichtig genug ist, wird unweigerlich mitgerissen. Im wirbelnden Chaos des Geisterheeres wird Ausgleich für Unrecht geschaffen, damit den unerlösten Seelen Gerechtigkeit widerfahren kann. Die vermummten, maskierten Gestalten der Perchtenumzüge mögen diesen Geistwesen der Wilden Jagd nachempfunden sein.

Neben dem schaurigen, angsteinflößenden Aspekt des wilden Heeres ist auch Wotans Segen in den Raunächten überliefert. Auf seinem Ritt über die winterkahlen Felder segnet er Erde und Wasser. Der Akt

des Segnens verlieh dem Wasser göttliche Kraft. Mit heiligem Rauch und geweihtem Wasser wurden in den Raunachtsritualen die dunklen Mächte von Haus, Stall und Feldern vertrieben und göttlicher Schutz wurde eingeladen.

Die Percht

Im Alpengebiet wird die Wilde Jagd von der Percht angeführt. Hinter dieser furchterregenden Gestalt verbirgt sich die Göttin Holle, die große Muttergöttin der alteuropäischen Kultur. Ihr Name steht in Verbindung mit *hell* und *Hölle*. Im Gegensatz zur christlichen Vorstellung der Hölle war das Reich der Göttin Holle eine helle jenseitige Welt, in der die Seele nach dem Tod Frieden fand und ausruhen durfte, bevor sie über das Tor des mütterlichen Schoßes Eintritt in ein neues Leben erhielt.

Holle bedeutet die *Huldvolle*, die *Holde*, die *Helle*. *Perchta* oder *Berchta* (die *Glänzende*) und ihr Aspekt als furchterregende Totengöttin ist uns noch aus den Perchtenumzügen vertraut. Ursprünglich war die Göttin Holle / Perchta die große Herrin der Tiere, die die Jäger der steinzeitlichen Stämme um das Leben eines Tieres baten, um das Überleben der Gemeinschaft zu ermöglichen. Mit der Sesshaftwerdung der nomadisierenden Stämme und der zunehmenden Bedeutung des Ackerbaus wurde sie zur Fruchtbarkeitsgöttin, die im jahreszeitlichen Zyklus mit dem Lichtgott an ihrer Seite erscheint. Aus ihrem hellen Reich kommen die Seelen der Ahnen, um sich wieder zu verkörpern und werden von ihrem Tier, dem Storch, den Eltern gebracht. In ihr Reich kehrt die Seele nach einem Lebenszyklus zurück, um auszuruhen. Eingänge in die Welt der Holle sind Brunnen, Teiche,

Seen und Höhlen. Im Frühling erscheint sie als die junge Vegetationsgöttin Brigid, die in den liebestrunkenen Mainächten Hochzeit mit dem Lichtgott Bel feiert und die Erde mit ihrem Segen befruchtet. In den glutheißen Sommertagen birgt sie als reife Fruchtbarkeitsgöttin die Ernte in ihrem Leib. Als Totengöttin Morrigan zieht sie in den nebelverhangenen Herbstmonaten das Leben und die Wachstumskraft in den Schoß der Erde zurück. In ihrem Reich, tief im Inneren der Erde, gewährt sie den Seelen von Mensch und Tier Zuflucht, bevor ein neuer Zyklus von Werden, Wachsen und Vergehen beginnt. Dort hütet sie auch die Samen, die ab der Zeit der Wintersonnenwende erneut zu keimen beginnen.

Die Wintergöttin Holle / Perchta fegt in den Raunächten, in der Zeit zwischen den Zeiten, mit ihrer Wilden Jagd über das Land und holt verirrte tote Seelen, um sie durch die Dunkelheit zu leiten. Sie ringt mit den ungezähmten Winterkräften, die die Natur bedrohen, um wieder Leben und Fruchtbarkeit auf die Erde zu bringen. Nach der Chris-

tianisierung wurde die Göttin Holle systematisch verdrängt und der Brauch, an ihren heiligen Stätten zu opfern, mit hohen Strafen belegt. Holles Geschenk der Webkunst kommt in den Raunächten besondere Bedeutung zu, wenn es gilt, die Fäden des Schicksals zu verweben, um einen lichtvollen neuen Zyklus zu beginnen. In manchen Gegenden hieß die Percht auch „Pudlmuatta". Sie versammelt in der letzten Raunacht die Seelen der ungetauften Kinder um sich und zieht mit ihrem Gefolge durch die frostklirrende Nacht. In dieser Version ist die „Pudlmuatta" weit entfernt von den furchteinflößenden Zügen der Totengöttin. In ihrer Erscheinung stillt sie eher die Sehnsucht nach der mütterlichen alten Gottheit, die ihre Kinder behütet und aus der Dunkelheit nach Hause holt. Sie ist eine seltsam anmutende Verbindung aus christlicher Prägung, die die ungetauften Kinder um sich sammelt, und heidnischen Zügen.

Die Frau des Hauses erweist dieser dunklen Göttin ihre Reverenz und ehrt den nächtlichen Gast mit Speise. Auf dem gedeckten Tisch erwartet die Göttin und ihr Gefolge die „Perchtlmilch" als Wegzehrung. Als Geschenk ruhte der Segen der Göttin auf dem Haus. Aus der „Perchtlmilch" wurde unter christlichem Einfluss die „Drei-Königs-Milch". Auf jeden Fall sollten Mensch und Tier von dieser besonderen Speise essen, um das ganze Jahr mit Fruchtbarkeit gesegnet zu sein. Die mächtige Unterweltgöttin Perchta prüft jedoch auch, ob das Haus blitzblank geputzt und der Flachs auf den Spinnrädern versponnen ist. Sie wirft ihren prüfenden Blick auf das Gewebe unseres Lebens, das wir aus unseren Schicksalsfäden gesponnen haben. Ist die Göttin Perchta nicht zufrieden, so tritt sie als furchteinflößende, hässliche Erscheinung, mit Kräften jenseits des menschlichen Vorstellungsvermögens, auf. Weh dem, der sie in dieser Gestalt erblickt. Die Göttin konfrontiert ihn mit den Folgen seines Handelns und bestraft ihn erbarmungslos.

Geisterreigen

In den Raunächten tauchten dämonische Kräfte, Geister und Spuk-
gestalten auf, vor denen die Menschen sich zu schützen versuchten.
Wer sind diese unheimlichen, bedrohlichen Wesenheiten, die eine
Gefahr für Leib und Seele darstellen?

Unerlöste Seelen

Im Geisterheer der Wilden Jagd ziehen die unerlösten Seelen mit, die
Ausgleich und Gerechtigkeit für das Unrecht, das ihnen widerfahren
ist, suchen. Sie sammeln sich vor allem an Wegkreuzungen und ver-
wunschenen Orten.

Werwölfe

Das althochdeutsche Wort *wér* bedeutet *Mann*. Diese Wesen, die sich
vom Menschen zum Wolf wandeln konnten, sind im Volksglauben seit
1 000 Jahren bezeugt. Man glaubte, dass zauberkundige Menschen, die
einen Pakt mit dem Teufel geschlossen hatten, diese Gestaltwandlung
vorzugsweise in Vollmondnächten durchführen konnten. Die moderne
Fantasieliteratur greift diese mythischen Wesen wieder auf.

Die Habergeiß (Habergoaß)

Ein zweigeschlechtliches Fruchtbarkeitswesen aus Bock und Ziege
wird häufig in Begleitung des „Krampus" angetroffen. Vom Meckern
einer Geiß wechselt sie zum Krötenruf oder zum Lachen eines
Kobolds. Sie kommt, um den Tod anzukündigen, den Schlafenden als
Albdruck zu quälen oder einfach nur um die Kinder zu erschrecken.
Bei all den furchterregenden Gestalten war es kein Wunder, dass man
darauf bedacht war, das Haus nach Einbruch der Dunkelheit nicht
mehr zu verlassen.

Druden

Das „Drudendrucken" war in den Raunächten gefürchtet. Diese schauerlichen, zottigen Wesen schlichen sich in der Nacht in die Schlafzimmer, hockten sich auf die Brust des Schlafenden und würgten ihn mit übernatürlichen Kräften. Wie die Werwölfe, so waren auch die Druden Gestaltwandler, die sich von Menschen zu mythischen Drudwesen verwandeln konnten.

Hexen

Sie treiben in den dunklen Winternächten mit Schadenzauber ihr Unwesen. Der Volksglaube sieht sie als hässliche, alte Frauen, die auf ihrem Besen durch die Lüfte reiten und in die Geheimnisse der Kräuterkunst eingeweiht sind. Häufig werden sie von Raben oder schwarzen Katzen begleitet, die ebenso magisch und unheimlich sind wie die Hexe selbst.

Perchtenumzüge

Diese mythischen Schreckgestalten – Ausdruck all der Ängste vor nicht fassbaren Mächten – finden in den Perchtenumzügen Eingang. Der Name steht mit der Wintergöttin Perchta oder Berchta in Zusammenhang, die durch die Raunächte zieht, um die Fleißigen zu beschenken und die Faulen und Frevler zu bestrafen. Ab dem 16. Jahrhundert wurde ihr Name auf die unheimlichen Gestalten in ihrer Begleitung angewendet. Das Brauchtum der Perchtenumzüge hat sich besonders im Alpengebiet erhalten und erfreut sich großer Beliebtheit. Die „Schönperchten" tragen neben ihren fantastischen Gewändern, zu denen Hörner, Rossschweif oder Kuhschwanz gehören, auch Spiegel (Spiegelperchten), in denen sich das Böse selbst erblickt und sodann erschreckt flüchtet. Die „Schiachperchten" sehen zwar furchterregend aus, haben jedoch durchaus segensvolle Absichten. Sie versetzen den Frauen mit Birkenruten einen Schlag, um sie fruchtbar zu machen (faseln). Sie ziehen vorwiegend in der Nacht mit ihrem Gefolge durch die Ortschaften. Ein weiteres Attribut sind Glocken und Schellen (Glockenträger), mit denen der Perchtenzug auf sich aufmerksam macht. Es wird mit Peitschen geschnalzt und geknallt, um die Wintergeister aufzuschrecken und zu vertreiben. Die Hexen haben ebenfalls ihren Platz im Perchtenumzug. Sie fegen mit ihren kultischen Besen das Böse in den Stuben zusammen, verbrennen es und machen damit Platz für das Gute. Birkenbesen, die man zu diesem Zweck in den Raunächten gebunden hatte, galten als unverwüstlich. Im Laufe der Jahrhunderte haben sich noch einige aufsehenerregende Gestalten wie der „Schleifer", der „Metzger" und der „Tod" zum Umzug gesellt. Besonders liebenswert sind die …

… Elementargeister des Waldes

In den Perchtenumzug mischen sich verschiedene Waldgeister, die auf die tiefe Verbindung der Menschen in den Alpentälern mit ihrer Urheimat Wald hinweisen. Die „Holzmandl", „Baumwerker", „Zapfenmandl", „Werchmandl",

„Wurzenmandl" und „Wildmandl" sind in Gewänder aus dem gehüllt, was der Wald schenkt. Zapfen, Moos, Farne, Baumflechten und Rinde vermummen die urigen Gestalten. Sie sind verkörperte Kräfte der Erde und des Waldes, der als heiliger Hain die Wertschätzung unserer Vorfahren besaß. Sie hüten die Geheimnisse der Waldwildnis und verbinden die menschliche Seele mit ihrer Urheimat.

Glöcklerläufe

Diese farbenfrohen Umzüge sind ursprünglich am Traunsee beheimatet, wo sie Mitte des 19. Jahrhunderts erstmals schriftlich erwähnt wurden. Ursprünglich handelt es sich um einen Einkehrbrauch, bei dem man von Tür zu Tür zog und anklopfte. Diese lichtvollen „Schönperchten" ziehen in der Nacht vor dem Dreikönigsfest mit Glockenklang durch die Orte, um die Wintergeister und dämonischen Kräfte zu vertreiben. Die äußerst kunstvoll gestalteten „Glöcklerkappen" sind innen beleuchtet und verkörpern damit das Lichtvolle und Gute, das in die Dunkelheit der Nacht getragen wird. Wie in alten Zeiten werden die Glöckler auf ihrem Umzug mit Speis und Trank versorgt. Die Germkrapfen, die unter anderem zur Verköstigung angeboten werden, erhalten an diesem Tag den Namen „Glöcklerkrapfen".

Hinter all diesen farbenprächtigen Umzügen steht die uralte Sehnsucht der Menschen, die unabwägbaren Naturgewalten und Schicksalsmächte zu kontrollieren, zu besänftigen und dem Menschen gewogen zu stimmen. In den Raunachtsgestalten treten uns Ängste entgegen, die tief im Unbewussten eingemeißelt sind und uns mit unseren neolithischen, keltischen und germanischen Ahnen verbinden. Der Wunsch nach einem fruchtbaren, mit Segen erfüllten neuen Jahreszyklus hat seit der Urzeit nichts an Aktualität verloren.

Brauchtum und Überlieferung

Für die Zeit zwischen den Jahren ist allerlei Brauchtum überliefert.

*   Kein Rad, wie etwa das Spinnrad, durfte sich drehen während das Jahresrad stillstand. In der dunklen Winterzeit war das Spinnen eine wichtige Tätigkeit der Frauen. Nun wurde es unterbrochen, bis der heilige Eber des germanischen Gottes Freyr das Jahresrad nach den 12 Raunächten wieder anschiebt.
*   Es darf nicht gewebt und geputzt werden, denn die Menschen sollen im Alltag innehalten und sich in dieser mystischen Zeit anderer Seinsebenen bewusst sein.
*   Auch Wäsche darf keinesfalls gewaschen und aufgehängt werden. Die unheimlichen Gestalten der Wilden Jagd könnten sich auf ihrem Zug durch die Lüfte darin verfangen und Unglück und Tod über das Haus bringen.
*   In den Raunächten werden Haus und Stall geräuchert, um dämonische Kräfte abzuwehren und Segen zu erhalten. Traditionell verräuchert man den Kräuterbuschen, den man während der „Frauendreißiger" gesammelt hat.
*   Kinder, die an den Sonntagen der Raunachtszeit geboren werden, sollen hellsichtig sein.
*   Am Heiligen Abend sprechen die Tiere. Versteht ein Mensch, was sie sprechen, so stirbt er im nächsten Jahr.
*   Vor den 12 magischen Nächten muss das Haus sauber geputzt werden, damit die Percht nicht strafend ins Haus kommt.
*   In der Thomasnacht wurde der Liebste ermittelt. Man lag mit dem Kopf am Fußende des Bettes und bat den heiligen Thomas:

„Bettstaffl, ich tritt dich,
heiliger Thomas, ich bitt' dich,
loß mir erschein'
den Herzallerliebsten mein."

Nachdem man diese Bitte dreimal gesprochen hatte, legte man sich ins Bett, wobei der Kopf am Fußende lag. Der Liebste sollte dann im Traum erscheinen. Eine andere Methode den Liebsten zu ermitteln war das Schuhwerfen in der Thomasnacht. Wollte ein junger Mann wissen, ob er im nächsten Jahr heiratet, so stellte er sich in der Thomasnacht mit dem Rücken zu einem Apfelbaum und warf einen Schuh über seine Schulter. Blieb der Schuh in den Zweigen des Baumes hängen, so gab es im nächsten Jahr eine Heirat. Die Mädchen wählten für diesen Orakelbrauch einen Birnbaum.

* Am 21. Dezember wurde Kletzenbrot gebacken. Es galt als Schutz gegen Krankheit und Unheil und sollte Fruchtbarkeit bringen.
* Auch ein Schwein wurde an diesem Tag geschlachtet und als Speise für die Feiertage vorbereitet.
* Die Weihnachtsbäckerei, die man an den Tagen vor der Wintersonnenwende zubereitete, hatte in ihren Formen Symbolcharakter:
  ▲ Die Lebzeltpferde erinnern an den Schimmelreiter Wotan.
  ▲ Das Wickelkind ist ein Symbol für das immer wiederkehrende Leben.
  ▲ Scheiben sind Symbole für die Sonne.
  ▲ Der Pilz ist der heilige Fliegenpilz, der aus dem Speichel von Wotans Schimmel entstanden ist.
  ▲ Baumformen sind Symbole für die immergrünen Lichtbäume, die das Leben durch den Winter tragen.
  ▲ Glocken entstammen der christlichen Tradition.
  ▲ Der Fisch symbolisiert das Vorwärtskommen.

* Das Wetter hat in den Raunächten besondere Bedeutung. Scheint etwa am 29. Dezember die Sonne, so ist mit einer guten Ernte zu rechnen. Sonnenschein am 3. Jänner bedeutet gute Geschäfte. Nebel deutet auf Verborgenes hin und Stürme auf raue Zeiten, die zu erwarten sind. Viele Wetterregeln sind im Bauernkalender enthalten und wurden, in merkbare Reimsprache gefasst, von Generation zu Generation weitergegeben. Die Form der Sprache weist auf eine Tradition hin, die weit in die vorchristliche Zeit zurückgeht, als der mündlichen Überlieferung gegenüber der geschriebenen, Vorrang gegeben wurde. Den Träumen in diesen Nächten kommt besondere Bedeutung zu, denn sie geben Aufschluss über die Zukunft.

* Die Überlieferung verbindet jede der 12 Raunächte mit einem Monat des kommenden Jahres. Alle Ereignisse, Botschaften und Zufälle sind Hinweise auf die Qualität des Monats, der mit dem Tag, an dem diese Zeichen auftreten, verbunden ist.

Orakeln

Die Absicht, ein Orakel als Entscheidungshilfe heranzuziehen oder damit Hinweise auf eine mögliche Zukunft zu erhalten, hat eine lange Tradition. In Griechenland war es vor allem das Orakel von Delphi zu dem man pilgerte, um die Weissagungen der Priesterin zu hören. Aus der Tradition unserer keltischen und germanischen Vorfahren ist uns die Arbeit mit Runen überliefert.

Die Römer deuteten die Zukunft aus dem Vogelflug oder lasen aus den Eingeweiden von Opfertieren. Das chinesische I-Ging wird seit Jahrhunderten verwendet und auch die Arbeit mit Tarotkarten hat nichts an Aktualität eingebüßt. Es gibt mittlerweile sehr viele Kartendecks, die man zum Orakeln verwenden kann. Da das Unbewusste sich in gewisser Weise über das Orakel ausdrückt, dient es oft weniger dem Ausblick auf die Zukunft, sondern dem Erfassen jener Strömungen, die in der gegenwärtigen Situation vorherrschen. So kann man Einsichten in Aspekte gewinnen, die hinter dem Offensichtlichen liegen. Damit liegt auch auf der Hand, dass man die Ergebnisse des Orakels immer selbst am besten erfassen und interpretieren kann. Wenn Sie sich für die Arbeit mit einem Kartenset entscheiden, stimmen Sie sich bevor Sie es anwenden darauf ein. Das Orakel befragt man am besten

in einer ruhigen, gelösten Stimmung und in der Bereitschaft, einen offenen Geist für die mögliche Bedeutung in Hinblick auf die derzeitige Lebenssituation zu haben.

* Nehmen Sie sich Zeit und ziehen Sie sich an einen ruhigen Ort zurück.

* Zünden Sie eine Kerze an und lassen Sie duftende Harze und Kräuter wie Lavendel, Lorbeerblätter, Sandelholz und Dammar auf Ihrem Räucherstövchen verglimmen.

* Auch ein hübsches Tuch, auf dem Sie die Karten auflegen, trägt zu einer besonderen Stimmung bei.

* Atmen Sie tief und ruhig und hören Sie in sich hinein.

* Lassen Sie die Gedanken und Bilder aus Ihrem Inneren auftauchen, bis Sie eine Frage formulieren können. Manchmal ist es auch keine konkrete Frage, sondern einfach ein Rat, den man für die derzeitige Situation erbittet.

* Mischen Sie die Karten und denken Sie ohne Anspannung an die Frage, die Sie stellen möchten.

* Es gibt viele Vorschläge für die Legung eines Kartendecks. Egal für welche Sie sich entscheiden, lassen Sie die Bilder der gewählten Karten in Ruhe auf sich wirken. Gehen Sie sozusagen in die Bilder hinein und erleben Sie sich als Teil davon. Wie fühlen Sie sich dabei? Welche Gedanken steigen in Ihnen hoch? Bilder haben eine starke Kraft auf der Herzensebene. Notieren Sie sich Ihre Eindrücke zu den jeweiligen Karten. Möglicherweise weichen Sie von der herkömmlichen Interpretation ab.

* Wenn Sie die Interpretationstexte zu den von Ihnen gezogenen Karten gelesen haben, können Sie entscheiden, wie Ihre Eindrücke und Informationen in Bezug auf Ihre Frage, in Bezug auf Ihre derzeitige Lebenssituation, zu sehen sind. Über die Arbeit mit einem Kartenorakel erhalten Sie eine Vielfalt an Hinweisen

und Informationen, die nicht allein von der Ebene des rationalen Verstandes (Text) getragen werden. Sie beziehen vielmehr auch die Wahrnehmung des Herzens (Bild) und die Wahrnehmung des Körpers (das Ziehen der Karte) mit ein. Aus der Verknüpfung dieser drei Ebenen erhalten Sie Inspiration und Orientierungshilfe für eine Situation.

Eine besondere Form des Orakels erfreut sich zu Silvester großer Beliebtheit. Das „Bleigießen" hat eine lange Tradition und wird im Abschnitt 7. Raunacht / 31. Dezember näher erläutert.

Die Bedeutung der Wochentage

Hinweise über die Ereignisse in den Raunächten erhält man auch durch die Betrachtung der energetischen Qualität der Wochentage, an denen sie stattfinden.

Sonntag:
Gold

Der Tag der Sonne
Tagesqualität: Yang-Energie, Dynamik, das Licht der Erkenntnis, das höhere Bewusstsein

Montag:
Silber

Der Tag des Mondes
Tagesqualität: Yin-Energie, Familie, Gefühle, Intuition, Heilung

Dienstag:
Eisen

Der Kriegsgott Mars / Tiu gab diesem Wochentag den Namen.
Tagesqualität: Leidenschaft, Durchsetzungsvermögen, Streit, Tatkraft, ein hoher Energiepegel, Wettkämpfe

Mittwoch:
Quecksilber

Dieser Tag ist dem Gott Merkur gewidmet.
Merkur war der Gott der Reisenden.
Tagesqualität: Botschaften, Sprache, Handel, geistige Beweglichkeit, Flexibilität, Verlust und Diebstahl

Donnerstag:
Zinn

Donnar oder Thor war der Namensgeber für den Donnerstag. Der blitztragende germanische Gott entspricht dem römischen Gott Jupiter.
Tagesqualität: Fülle, Wohlstand, Glück, günstige Geschäfte, Ausdehnung, Genusssucht

Freitag: Kupfer	Dieser Tag verdankt seinen Namen der germanischen Göttin Freya. Sie war die Göttin der Liebe, der Familie und der Schönheit. Tagesqualität: Liebe, Familie, Beziehungen, Schönheit, Sinnlichkeit, Kreativität
Samstag: Blei	Der römische Gott Saturn gab dem Samstag seinen Namen. Tagesqualität: Struktur, Disziplin, Geduld, Manifestation, Ordnung, Pflicht, Weisheit des Alters

Italienischer Armreif mit Darstellung der Wochentage durch die olympischen Götter: Diana als Mond für den Montag, Mars für den Dienstag, Merkur für den Mittwoch, Jupiter für den Donnerstag, Venus für den Freitag, Saturn für den Samstag und Apollo als Sonne für den Sonntag (Walters Art Museum)

11

Fruchtbarkeitskult und Wachstumskraft

Der ewige Kreislauf der Erneuerung war die Lebensgrundlage unserer Vorfahren. Die große Erdmutter schenkte Fruchtbarkeit und Gedeihen, damit ihre Kinder leben konnten. In den goldenen Herbsttagen wurden Obst und Feldfrüchte geerntet und eingelagert. In den nebelverhangenen Novembertagen wurde für den Winter vorgesorgt, indem man das Fleisch der geschlachteten Tiere haltbar machte. Nun, zur Zeit der Wintersonnenwende, war es diesen naturverbundenen Menschen bewusst, dass sich die Wachstumsenergie unter der Erde bereits zu ballen beginnt, um in einen neuen Zyklus zu leiten. Diese Kraft wurde in Form von Festen, Ritualen und Symbolen gefeiert. Die winterlichen Gottheiten bringen den Segen der Fruchtbarkeit und ihre Gaben sind lebensspendende Speisen. Die Muttergöttinnen hüten das Licht der wiedergeborenen Sonnenkraft, die alles Wachstum reguliert und bereiten den Weg aus dem Winter in einen leuchtenden Frühling.
Feierlichkeiten und Tänze sind eine Botschaft an die Wachstumskräfte der Erde, die sie aus ihrem Winterschlaf erwecken sollen. Wenn wir unser Herz für den Zauber dieser Wintertage öffnen, so ist es auch das Geschenk der Lebenskraft und die Achtung vor den Gaben der Natur, die wir als Wunder empfangen.

Der Hirschgott Cernunnos

Der alteuropäische Hirschgott Cernunnos ist eng mit den Mittwinter-kulten verbunden. Cernunnos, „der Gehörnte", begegnet uns in abge-wandelter Form in der Kultur ganz Alteuropas. Er manifestiert sich in den Göttern Pan, Herne, Esus, Dionysos und Satyr.

Der Gott der Wachstumskraft ist der winterliche Gefährte der Erd-göttin, der für die wilden, schöpferischen Kräfte der Natur steht. *Cer* leitet sich vom indogermanischen *ker* in der Bedeutung von *wachsen* ab. Das Geweih auf seinem Kopf ist ein Symbol für das zyklische Wachstum. Alljährlich wirft er dieses Geweih ab, um es in neuer Form wiederzuerlangen. Als Wintergott sorgt er für die Erweckung der Vegetationskräfte tief im Inneren der Erde. Der Klang seiner Hufe trommelt das Leben aus dem winterstarren Boden. In christlichen Traditionen finden wir den Hirsch als Begleiter des heiligen Nikolaus oder als Rentiere, die den Schlitten des Weihnachtsmannes ziehen.
Die christlichen Legenden erzählen vom Sonnen-Hirschgott als „Hubertushirsch", in dem der Jäger Christus erkennt.

Der heilige Nikolaus und seine Gaben

Der heilige Nikolaus ist vermutlich der bekannteste christliche Heilige. Nikolaus lebte im 4. Jahrhundert als Bischof im türkischen Myra. Er war für seine Mildtätigkeit, die in zahlreichen Legenden überliefert ist, bekannt. Seit 1555 ist er offiziell als Gabenbringer belegt. Sein Namenstag, der 6. Dezember, ist zugleich sein Todestag. Hinter dem Hirsch in seiner Begleitung verbirgt sich der Hirschgott Cernunnos, der in vorchristlicher Zeit die Gaben der Lebenskraft, der Fruchtbarkeit, der Leidenschaft und des Überflusses brachte.

Nikolaus trägt die lebensspendenden Speisen unserer Vorfahren in seinem Sack: die Haselnuss, die den Lebenden Fruchtbarkeit spendete

und den Toten Wegzehrung war, und den Apfel, als wichtigsten winterlichen Vitaminspender und Symbol für die Lebensernte. Der Schlag mit der Haselrute, die der Heilige in der Hand trägt, macht fruchtbar und zeugungsfähig. In seiner Begleitung befindet sich der furchterregende Knecht Ruprecht oder Krampus, wie er in den Alpengebieten genannt wird. Er repräsentiert die Dunkelheit, ohne die das Licht nicht sichtbar wäre.

III

Pflanzenzauber

Die geheimnisvolle Raunachtszeit ist zutiefst mit der Pflanzenwelt verbunden. Immergrüne Bäume und Kräuter lehrten unsere Vorfahren, mitten im Winter an die Gewissheit des kommenden Frühlings zu glauben. Sie hüten das Geschenk der Fruchtbarkeit, des Lebens und der Mysterien der immerwährenden Wandlung. Die Zyklen von Werden, Wachsen und Vergehen spiegeln sich in den Jahreszeiten und verbinden uns mit dem Wissen um die Lebenszyklen. Ihre Nähe zur Natur ließ unsere keltischen und germanischen Ahnen die Heil- und Schutzkräfte der Pflanzen erkennen und erfühlen. Sie waren innig mit der wesenhaften Kraft der grünen Welt verbunden, die ihnen in der rauen Winterzeit ein schützendes Bollwerk gegen Krankheitsdämonen und destruktive Kräfte war. Manche der rituellen Raunachtspflanzen schützen mit ihrer Lichtkraft gegen die Verzauberung durch dunkle, schwermütige Gedanken, die sich als destruktive Schatten ins Gemüt senken. Andere, wie unsere Nadelbäume, sah man als Schutzkraft und Geburtshelfer für die Wiederkehr des Lichtes. Sie lehrten die Menschen, im Einklang mit den Wachstumskräften der nährenden Mutter Erde zu leben und ließen sie darauf vertrauen, dass auf die Zeit der Ruhe erneutes Keimen und Reifen folgt. Diese bedingungslose Verbundenheit mit der Natur ist für uns Menschen des 21. Jahrhunderts das größte Mysterium der Raunächte.

Lichtbäume

Die immergrünen Nadelbäume waren für unsere Vorfahren heilige Bäume, die der „Großen Mutter" und dem zur Wintersonnenwende geborenen Lichtgott geweiht waren. Als „Wintermaien" repräsentierten sie die unzerstörbare Lebenskraft, die auch den lebensfeindlichen Bedingungen der kalten Jahreszeit trotzt. Der „Grüne Mann", jene Wintergottheit, die mit ihrem Segen das froststarre Land heiligte, trat in Tannenreisig gekleidet aus dem verschneiten Winterwald.

Noch bevor der lichtergeschmückte Tannenbaum die Stuben mit seinem Duft erfüllte, war der „Berchtlboschn" das Symbol für die immerwährende Lebenskraft der fruchtbaren Natur. Als grüner

Tannen- oder Fichtenwipfel hing er in den weihnachtlichen Stuben und kündete vom Sieg des Lichtes über die Dunkelheit. Das duftende Harz dieser Lichtbäume ist ein unverzichtbarer Bestandteil der Raunachtsräucherungen.

Fichte

Die Verräucherung von Harz und Nadeln schätzten schon die Menschen der Steinzeit, weil sie die klärende, desinfizierende Wirkung erkannten. Als Symbol für das Leben, das mitten im Winter entspringt, war die Fichte Bestandteil der Wintersonnenwende-Mysterien. Unsere keltischen Ahnen verehrten sie als schützenden Mutterbaum, der dem neugeborenen Lichtgott mit seiner Kraft zur Seite stand.

In den Raunachtsräucherungen entfaltet der duftende Rauch des Fichtenharzes seine Schutzkraft gegen dunkle Energien. Der Geist wird klar und man fühlt sich wach, frisch und vitalisiert. Der Weihnachtsduft der verräucherten Nadeln unterstützt in einem meditativen Zustand die Klärung von Angelegenheiten.

Kiefer

Nach dem Ende der letzten Eiszeit besiedelten Birke und Kiefer als erste Bäume unsere Region. Die lichthungrige Kiefer zeichnet sich durch Ausdauer, Zähigkeit und Lebenswillen aus. Die volkstümlichen

Namen „Fackelbaum", „Feuerbaum" und „Kienbaum" weisen allesamt auf die feurige Marsenergie hin, die die Kiefer reichlich aufweist. Ihr harzreiches Holz brennt besonders hell. Der gelbe, lichtdurchtränkte Blütenstaub ist leicht entzündlich und wurde für Feuerzauber verwendet. Ihre Lichtkraft unterstützte das neugeborene Sonnenkind und die mütterliche Gottheit, die es hütete.

Diese Lichtkraft vertreibt in der Verräucherung des Harzes Traurigkeit und Melancholie. Der Duft des „Waldweihrauchs" schafft eine Atmosphäre von Ruhe und Frieden, in der man durchatmen und Kraft schöpfen kann. Zudem ist der harzige Räucherduft in der Überlieferung unserer Vorfahren ein schützendes Bollwerk gegen schwarze Magie, Hexerei und Krankheitsdämonen.

Tanne

In zahlreichen Liedern und Gedichten wird die Tanne als Baum der Weihnachtszeit überliefert. Ihr Duft ist Erinnerung an die Kindheit, an Geborgenheit, an Wunder und weihevolle Stimmung. Mit diesem Duft öffnet sich das Tor zur Welt unserer Seele und die Verbundenheit mit dem Kosmos hebt uns über die Begrenzungen des Alltags hinaus. Mit Tannenduft ziehen die Urbilder der Schöpfungskraft in unser Herz und unser Unbewusstes erinnert sich an unser wahres Zuhause im Licht der Sterne. Dunkel und ernst erhebt sich der Baum aus dem blendend weißen Winterschnee. Seine saturnische Prägung weist uns den Weg zum Tor des Übergangs, das der strenge, graue Planetengott hütet. Als Christbaum hütet die Tanne das neugeborene Kind in der Krippe, das mit seinem Licht die Welt erhellt. Der Geburtsbaum des Lichtkindes ist vom Baum der „Großen Mutter" vielerorts zum Marienheiligtum geworden.

Der Räucherduft des Tannenharzes bringt die meditative Ruhe und Innenschau, die für die Zeit zwischen den Zeiten so kostbar ist. Mit diesem Duft öffnen sich neue Wege vor dem geistigen Auge und die Fäden des Schicksals können neu gesponnen werden.

Winter-Mysterienpflanzen

Die vorweihnachtliche Zeit, die Wintersonnenwende, Weihnachten und die Raunächte sind seit jeher mit bestimmten Pflanzen verbunden, die mit ihrer Energie und ihrem Symbolgehalt die winterliche Jahreszeit prägen. Unsere Vorfahren verbanden sich besonders beim Verglimmen der Kräuter und Harze mit der wesenhaften Kraft der Pflanze, die man als „Pflanzenseele" (Pflanzenspirit) bezeichnen kann. Mit dieser Energie begleiten die Pflanzen verschiedene Aspekte der Raunächte.

Efeu

Neben Mistel und Stechpalme finden wir sehr häufig Efeublätter in die weihnachtlichen Dekorationen eingebunden. Kaum jemandem, der die etwas düsteren, hübschen Blätter bewundert, fällt auf, dass die uralte Schlingpflanze zwei Formen in ihrem Blattwerk aufzuweisen hat. Während die nicht blühenden Triebe drei- und fünfzackige Blätter zeigen, sind die blühenden Zweige mit eiförmigen Blättern bestückt. Die Ausstrahlung der wuchernden Schlingpflanze ist mystisch, archaisch und mutet wie der Zugang zu einer anderen, dunkleren Seinsebene an. Tatsächlich ist die heilige Pflanze des Wintergottes, den unsere keltischen Vorfahren als den „Grünen Mann" kannten, seit jeher als Tor zu anderen Welten im Bewusstsein der Menschen verankert. Meist wächst die Pflanze an strahlenbelasteten Orten, windet sich schlangengleich an Bäumen und Wänden empor, um ihr Schattendasein ans Licht zu heben. Das Geheimnis dieser magischen Winterpflanze liegt in der Verbindung von Licht und Schatten. Der Efeuspirit durchwandert die Schatten, ist sich ihrer bewusst und nimmt sie an, um sich dann dem Licht zuzuwenden, dem er entgegen strebt.

Die verräucherten Blätter ermöglichen es, Unbewusstes und Bewusstsein zu verbinden. Die Wanderung durch unsere Schattenwelt macht den Weg zum Licht frei. Das Licht der Selbsterkenntnis schenkt uns Klarheit für unseren Lebensweg.

Eiche

Die Eiche symbolisiert zu den Sonnenwenden das Tor zwischen den Jahreshälften. Dieser charismatische Baum ist das Sinnbild für Mut und Stärke. Die tiefen Pfahlwurzeln ziehen Blitze an, die das kosmische Feuer, das unsere Ahnen verehrten, auf die Erde brachten. Es wundert daher nicht, dass die Eiche immer den blitztragenden Göttern wie Jupiter und Donar geweiht war. Unsere Ahnen verehrten die Eiche als heiligen Baum, der mit den göttlichen Mächten verbunden war. Wie sehr, sehen wir darin, dass die Bezeichnung *Druide* für die geistigen Führer des Volkes aus keltisch *dair* (*Eiche*) abgeleitet ist.

In den Raunächten verbindet uns der warme, holzige Duft der verräucherten Rinde mit all den geistigen Prinzipien, die sich über die
Jahrtausende in der Eiche manifestierten: Mut, Willensstärke, Kampf-
geist und Durchhaltevermögen. Mit dieser Unterstützung kann man
den neuen Jahreszyklus kraftvoll beginnen.

Immergrün

Die vielen volkstümlichen Namen
des kleinen Bodendeckers weisen
ihn als Symbolpflanze für den
immerwährenden Zyklus von
Leben und Tod aus. „Dauer-
grün", „Wintergrün" und „Ewig-
grün" sind solche Namen für die
Zauberpflanze der keltischen Druiden.
Die keltischen Priester verwendeten das
Immergrün zur Stärkung ihrer geistigen Kräfte.
In der überlieferten Bezeichnung „Großmütterchen Immergrün" ist
der Bezug zur Göttin Holle erkennbar, die uns in den Raunächten als
Wintergöttin Perchta begegnet. Die gütige Göttin verbindet uns mit-
hilfe dieses Pflanzenwesens mit dem Wissen um Pflanzenseelen und
Pflanzenkräfte.

Die verräucherten Blüten und Blätter verströmen einen anfangs
schweren, extravaganten Duft, der nach einiger Zeit leichter und
wärmer wird. In den Raunächten hilft uns dieser Pflanzenspirit, die
Schleier zwischen den Realitäten zu durchdringen, visionäres Potenzial zu erwecken und das Raunen der Ahnen zu hören.

Mistel

Kaum eine Pflanze in unserem
Jahreskreis ist so geheimnisum-
woben wie die Mistel. Sie ist
ein Halbschmarotzer, der einen
Wirtsbaum benötigt, um Nähr-
stoffe und Wasser zu beziehen.
Vorzugsweise siedelt sie sich auf
Bäumen an, die auf Störzonen stehen. Ihr
Standort zwischen Himmel und Erde ermög-
licht es ihr, gleichermaßen Energie aus dem Kosmos und dem mütterlichen Prinzip der Erde aufzunehmen. Die Fruchtreife zur Wintersonnenwende barg für unsere Vorfahren den Zauber des Mystischen.
Wie stark mussten die Fruchtbarkeitskräfte in dieser Pflanze wirken,
um mitten in der winterlichen Kälte die schleimigen, weißen Früchte
hervorzubringen. Diese weißen Beeren symbolisieren das männliche
Fruchtbarkeitsprinzip in der Ritualpflanze. Die aufwendigen, sakralen
Sammelrituale belegen die Verehrung, die die Mistel bei unseren keltischen Vorfahren genoss. Angeblich wurden die Zweige mit einer goldenen Sichel geschnitten und es wurde sorgsam darauf geachtet, dass
sie nicht mit der Erde in Berührung kamen, um die kosmische Energie
der Pflanze nicht ins Erdreich abzuleiten.
Der Kuss unter dem Mistelzweig war ursprünglich ein Friedens-
symbol. Der Brauch, Mistelzweige über die Schwelle zu hängen ist
so beliebt wie eh und je. Mit diesem Pflanzenwesen erbittet man den
Schutz und Segen der kosmischen Mächte für das Haus.

Für die Verräucherung können Mistelblätter von Frühling bis Herbst
gesammelt werden. Die weißen Beeren werden nicht verwendet. Als
Ritualräucherung zu Weihnachten oder auch zu Neujahr eignet sich

Mistelkraut sehr gut für eine Segens- und Schutzräucherung. Die Mistel transformiert dunkle Schwingungen in helle und öffnet die Tore zu unbewussten Kräften und Möglichkeiten. In den Raunächten ist dieser außergewöhnliche Pflanzenspirit ein geschätzter Begleiter für den Schritt über die Schwelle in eine neue Etappe. Mit seiner Hilfe kann man schamanische Reisen unternehmen und den Schleier zwischen den Seinsebenen durchdringen.

Stechpalme

Die Weihnachtsdekorationen mit Stechpalmenzweigen entstammen der inselkeltischen Tradition. In den keltischen Wintersonnenwende-Traditionen symbolisierten die immergrünen Blätter der Stechpalme das Leben, das einem neuen Zyklus entgegen geht. Als „Grüner Mann" schritt der Wintergott mit Tannen- und Stechpalmenzweigen bekränzt über das tief verschneite Winterland. Die Kraft der Geduld manifestiert sich im langsamen Wachstum dieses saturngeprägten Baumes. Die roten Beeren, deren dekorativer Anblick im Weihnachtsschmuck so geschätzt wird, symbolisieren die weibliche Lebenskraft. Edward Bach erkannte in diesem Pflanzenwesen die Fähigkeit, das Herz der Menschen zu öffnen und diejenigen, die von der Liebe abgetrennt sind, mit der göttlichen Liebe zu verbinden.

Es ist empfehlenswert, getrocknete Stechpalmenblätter in eine Ritualräucherung zur Wintersonnenwende und in den Raunächten miteinzubeziehen. Dieses Pflanzenwesen vermittelt durch seinen aromatischen Duft Geduld und die Kraft, Entscheidungen zu fällen, wenn es um eine Neuorientierung geht.

Holunder, der Baum der Göttin

Der Baum der Göttin Holle, der vormals jedes Haus und Gehöft schützte, hat sich aus der Nähe der Menschen an die Waldränder und Böschungen zurückgezogen. Wenn der süße Duft seines weißen Blütenkleides im Mai in der Luft schwebt, wird die mondhafte Seite des Holunders, die uns träumen und genießen lässt, offenbar. Schon Wochen vor der Blüte beeindruckt der Baum mit dem raschen, drängenden Wachstum der jungen Zweige. Eine wahre Explosion an Lebenskraft findet in dieser Phase statt. Der Holunder liebt es feucht und schattig. Wenn der Standort passt, kann er bis zu 10 Meter hoch werden.

In diesem Baum sahen unsere Vorfahren die drei Aspekte der Göttin Holle, die man in ganz Alteuropa ab der Steinzeit unter verschiedenen Namen verehrte. Das duftende weiße Blütenkleid im Frühling versinnbildlichte die junge Frühlingsgöttin, die sich alsbald mit dem Sonnengott vermählte. Die überquellenden roten Fruchtstände verkörperten die reife Fruchtbarkeitsgöttin in der Blüte ihrer segensreichen Kraft. Die gereiften, schwarzen Herbstfrüchte zeigten das dunkle Wirken der Totengöttin, die die Seelen tief in den Leib der Erde zurückholte, um ihnen eine Zeit des Ausruhens zu gewähren, bevor sie sich wieder verkörperten. In diesem schützenden Sippenbaum, der bei keinem Haus fehlen durfte, wohnte der wohlwollende, nährende Geist der Göttin in der Nähe der Menschen. Der Baum gewährt den Seelen Übertritt in die Anderswelt, dem Reich der Holle, und hilft den Neugeborenen dabei, in die diesseitige Realität zu gelangen. Unter dem Holunder opferte man der Göttin, damit sowohl Haus und Hof geschützt waren als auch Unglück und Krankheit fernblieben. Es ist auch in den Raunächten angebracht, dort Opferspeisen für Naturwesen und Besuch aus anderen Seinsebenen hinzustellen. Niemals durfte der Baum böswillig verletzt oder umgehauen werden, damit die destruktiven Energien, die er zum Schutz der Sippe in seinem Holz band, nicht freigesetzt wurden. Als Schwellenbaum zwischen Leben und Tod, zwischen Anfang und Ende, zählt der Holunder zu den wichtigen Ritualpflanzen der Raunachtszeit, die den Übertritt in eine neue Phase begleiten.

Eine Räucherung mit Holunderholz und Holunderblüten vermittelt den Segen und den Schutz der alten Muttergöttin, deren Erinnerung unser Unbewusstes seit grauer Vorzeit gespeichert hat. Der feine Räucherduft verbindet uns mit den Ahnen und ihrem Wissen. Das süße Aroma unterstützt die Anpassung an den steten Wandel, der das menschliche Leben prägt, und das Erkennen unseres Seelenplanes.

Räuchern in den Raunächten

Räuchern und Raunächte sind untrennbar miteinander verbunden. In den Raunächten haben Heilkräuter und Räucherpflanzen eine besonders starke Wirkung. Wenn sich beim Verglimmen der Räucherstoffe die feinstoffliche Essenz der Pflanze vom Materiellen löst, öffnet diese wesenhafte Kraft die Tore zu anderen Ebenen der Wirklichkeit und zu unserem Unbewussten. Die Wahrnehmungsfähigkeit wird verfeinert und bei sensitiven Menschen bis zu hellsichtigen Eingebungen gesteigert. Der duftende Rauch spricht Körper und Seele an und wir gehen in Resonanz zu seiner Botschaft. Räucherrituale heben uns aus dem Alltag heraus und geben uns Raum für Inspiration und Entfaltung. Ein anderer Zweck der Raunachtsräucherungen war die Abwehr von Krankheiten. Aus diesem Grund desinfizierte man die Räume mit dem Verglimmen von Wacholder. Durch Zugabe weiterer Kräuter und Harze löste man destruktive Energiefelder auf und erbat den Segen der göttlichen Mächte. Auch als duftende Opfergabe für die Ahnen oder Elementarwesen kann man Räucherwerk verwenden. Während man für das Ausräuchern von Räumlichkeiten Räucherkohle verwendet, ist für Ritualarbeit oder meditative Innenschau das Verglimmen auf dem Metallsieb besser geeignet. Beide Methoden finden Sie ausführlich in meinem Buch „Handbuch der heimischen Räucherpflanzen" (printverlag, Graz 2023) erläutert.

Rituelle Räucherpflanzen für die Raunächte

Alant

Alantwurzel wurde weit in die keltische, slawische und germanische Kultur zurück in der dunklen Jahreszeit geräuchert, um mit ihrer Sonnenkraft die Dämonen der Melancholie zu vertreiben. Der warme, freundliche Duft wurde traditionell dazu verwendet, zur Wintersonnenwende das Wiedererwachen der Lichtkräfte zu begrüßen.

Beifuß

Als Artemisiagewächs ist Beifuß ein Frauenkraut, das zur Erleichterung des Geburtsvorganges eingesetzt wurde. Der „Hüter der Schwelle" half der Seele, von der jenseitigen Welt in den neuen Lebenszyklus einzutreten. Als Schwellenkraut unterstützt Beifuß Transformationsprozesse und verleiht Kraft, um loszulassen, über die Schwelle zu gehen und Neues anzunehmen.

Für die Räucherrituale zu den Sonnenwenden und in den Raunächten ist Beifuß eine zentrale Räucherpflanze, um den Übergang in einen neuen Jahresabschnitt zu begleiten.

Eisenkraut

In der keltischen Räuchertradition hatte das Eisenkraut neben Beifuß und Mistel eine zentrale Position. Die Druiden trugen Kränze aus Eisenkraut im Haar, um den Geist klar zu halten, sich für Hellsehen und Wahrträume zu öffnen und sich vor magischen Übergriffen zu schützen. Das magische Kraut der Schmiede, die mit ihrer Kunst der Eisenverarbeitung selbst der Zauberei mächtig zu sein schienen, war auch für den Liebeszauber begehrt. Der frische, laubartige Duft fördert Klarheit, Zielgerichtetheit und stärkt die ICH-Kraft. In den Raunächten fördert Eisenkraut die Fokussierung auf einen neuen Zyklus.

Johanniskraut

Die Pflanze des germanischen Lichtgottes Baldur ist eng mit dem energetischen Wechsel zu den Sonnenwenden verbunden. Zur Sommersonnenwende symbolisiert die Pflanze den Höhepunkt der Lichtkraft, zur Wintersonnenwende den Sieg der Lichtkräfte über die Dunkelheit. Das Johanniskraut scheint die ganze Lichtkraft des Sommers aufzunehmen und zu speichern. Im Winter erfüllt es mit dieser Kraft die dunklen Stuben und die Herzen der Menschen. Das Verglimmen des Krautes macht den Bezug zum Licht rasch offenbar und spürbar. Das zarte, helle Aroma bringt Licht ins Herz und in die Seele. Mit dieser freundlichen, schützenden Begleitung wird es in den Raunächten leichter, den Seelenplan und den Weg, der vor uns liegt, zu erkennen.

Königskerze

Die majestätische, hoch aufgerichtete Pflanze ist seit Jahrhunderten ein Verbündeter der Menschen. Im Kräuterbündel, das am 15. August geweiht wurde, war der „Himmelsbrand" die zentrale Pflanze. Sie schützte Haus und Hof vor Unwettern, indem man etwas vom geweihten Bündel bei aufziehendem Gewitter in das Herdfeuer warf. Ihre wunderbare Gabe, Spannungen auszugleichen und die Atmosphäre zu reinigen, fördert während des energetischen Umbruches in den Raunächten die Wiederherstellung einer harmonischen Ordnung. Ihr starker Lichtaspekt macht die Königskerze für Räucherrituale zu den Sonnenwenden bestens geeignet.

Propolis

Bienenkittharz ist von der Biene bearbeitetes Harz, das von verschiedenen Bäumen oder als harzige Substanz an Knospen gesammelt und weiterverarbeitet wird. Es ist eine harmonische Komposition aus Informationen von Bäumen, Blüten und dem Volk der Bienen. Unsere keltischen Vorfahren hatten eine besondere Beziehung zur Biene. Als

Botin aus der Anderswelt begleitete sie die Seele nach dem Tod in eine andere Seinswelt und war die Bewahrerin geheimer Weisheiten. Der feine, vanilleartige Duft, den das verräucherte Granulat verbreitet, öffnet das Bewusstsein für die Verbundenheit mit allem Sein und die Muster, die alle Lebensformen verbinden. Der erschöpfte Geist und die verletzte Seele erfahren Heilungsimpulse, die Kraft für die nächste Wegstrecke des Lebensweges schenken.

Schafgarbe

Als Orakelpflanze eröffnet dieser Pflanzenspirit mit seiner Weisheit neue Wege. In China reicht die Verwendung der zähen Schafgarbenstängel im I-Ging sehr weit zurück. Man schätzte die Gabe dieser filigranen Pflanze, die polaren Kräfte von Venus und Mars, Yin und Yang in Einklang zu bringen. Der frische, leicht süßliche Duft fördert die Intuition und die feinstoffliche Wahrnehmung. In den Raunächten, wenn die Zukunft erspürt werden soll, ist ein Räucherritual mit diesem Pflanzenspirit sehr aufschlussreich.

Sonnenhut

Der rote Sonnenhut war in seiner Heimat Nordamerika eine geschätzte Heilpflanze der indianischen Ureinwohner. Die positiven Auswir-

kungen auf das Immunsystem sind mittlerweile auch der westlichen Medizin hinlänglich bekannt. Die Verräucherung von Kraut und Blüten erzeugt eine Atmosphäre von Ruhe und Kraft, in der man sich sammeln und neu formieren kann, so wie es beim Aufbruch in eine neue Etappe im Jahreszyklus angestrebt wird.

Wacholder

Diesen Schwellenbaum zwischen sichtbaren und nicht sichtbaren Sphären kann man als Gründungsmitglied unserer Räuchertradition bezeichnen. Wacholder zählt zu den ältesten schamanisch verwendeten Räucherpflanzen. Ein volkstümlicher Name für ihn ist „Räucherstrauch". Reinigende, dämonenabwehrende Schutzräucherungen mit Wacholder reichen bis in die Tiefen der Zeit zurück. Als Tor zu nicht sichtbaren Welten bringt uns der Wacholder mit Elementarwesen und unseren Ahnen in Kontakt. Eine Räucherung in den Raunächten wirkt reinigend, schenkt Schutz und verbindet uns mit anderen Seinsebenen.

Die Lichtbäume und Winter-Mysterienpflanzen, die für die Räucherrituale in den Raunächten bedeutungsvoll sind, finden Sie in eigenen Kapiteln beschrieben.

IV

Ritualreise durch die Raunächte

Eine bewusste Reise durch diese besonderen Winternächte leitet das intuitive Wissen und Erleben unserer Vorfahren in einen modernen Kontext über. Wenn wir in diesem magischen Zeitraum innehalten, um einen Blick auf unsere derzeitige Lebenssituation zu werfen, können wir das überlieferte mythische Wissen erforschen und daraus Inspiration und Orientierungshilfe für unsere nächsten Schritte erhalten. Während wir aus unseren Wurzeln Kraft schöpfen, arbeiten wir an zukünftigen Wegen, die für unsere Bedürfnisse und unser Wachstum sinnvoll sind. Rituale öffnen den Brunnen unseres kreativen Potenzials und führen uns über den Weg der Selbstbeobachtung zu neuen Blickwinkeln und Einsichten. Die Weisheit der Tarot-Schlüssel, die Verbindung zur wesenhaften Kraft der Bäume und Kräuter sowie die Botschaften aus der Traumwelt sind über die Kette unserer Vorfahren im Unbewussten verankert und können über rituelle Arbeit aktiviert werden. Die sorgsame Auswahl der Saat, die wir säen und die Einbindung der Führungshilfe, die wir von verschiedenen Ebenen der Wirklichkeit erhalten, wird das Tor zu einem Weg voll Selbstvertrauen und Lebensfreude öffnen.

Die Tarot-Schlüssel

Die Einbindung der Tarot-Schlüssel in die Ritualreise durch die Raunächte ermöglicht es Ihnen, das alte Jahr bewusst zu ordnen und versöhnlich mit Ihren Lebenserfahrungen zu verknüpfen. Das Tarot stellt einen zeitlosen Schlüssel zum Verständnis für die Gesetze des Kosmos und die Reise der Seele durch ihre Entwicklungsstufen dar.

Einerseits werden die 78 Karten als Instrument der Divination verwendet. Mithilfe der Bilder wird eine Brücke vom Wachbewusstsein zum Unbewussten mit seinen Botschaften, seiner schöpferischen Kraft und seinem Aspekt als Motor für unsere Entwicklung geschlagen. Eine philosophische, meditative Beschäftigung mit dem Tarot erweist sich andererseits als Kompass für die spirituelle Entwicklung des Einzelnen und als Schatztruhe an Inspirationen. Für die Ritualreise durch die Raunächte wurde eine Auswahl an Karten verwendet, die es über Übungen, innere Reisen und Meditationen ermöglicht, aus ihrer Weisheit zu schöpfen und damit einen Raum der Wandlung und Heilung zu schaffen. Für ein vollständiges Eintauchen in die Weisheit dieser Bilderschlüssel lege ich Ihnen auch die Beschäftigung mit den verbleibenden Karten des Tarots ans Herz.

Die ausgewählten Karten sind bestimmten Tagen und ihren spezifischen Themen zugeordnet. Sie können die Übungen in der Reihenfolge der Raunächte machen, jedoch auch im, dem jeweiligen Raunachtstag zugeordneten, Monat des folgenden Jahres damit arbeiten. Zu guter Letzt besteht natürlich auch die Möglichkeit, Übungen oder Meditationen, die Sie besonders anziehen, als Auswahl für die Raunächte durchzuführen.

Zu jeder Tarotkarte finden Sie eine kurze Einführung in ihre Symbolik sowie die thematischen Aspekte, die damit verbunden sind.

Das jeweilige Thema der Raunächte und die Verbindung mit der Weisheit der dazu gewählten Tarotkarte ermöglicht es Ihnen, Korrekturen und Veränderungen in den Raunächten bewusst herbeizuführen sowie gleichzeitig Visionen und Inspirationen für das neue Jahr zu erhalten.

Der abschließende praktische Teil besteht aus Meditationen, inneren Reisen sowie Übungen, die Sie jederzeit in Ihren Alltag einbauen können, um die Kraft des Tarot-Schlüssels in Ihr Leben zu integrieren.

4. Dezember | Barbara

Thema: Die Lebenskraft ehren

Die heilige Barbara von Nikomedien feiert ihren Gedenktag seit dem 12. Jahrhundert am 4. Dezember. Sie ist eine jener standhaften, christlichen Märtyrerinnen, die für ihren Glauben ihr Leben ließen. Ihr Vater schloss die schöne, junge Frau in einen Turm, um ihre Annahme des christlichen Glaubens zu verhindern. Nach der missglückten Flucht aus ihrem Gefängnis enthauptete der Vater der Legende nach seine Tochter eigenhändig. Barbara zählt zu den 14 Nothelfern und ist die Schutzpatronin zahlreicher Zünfte. Am bekanntesten ist sie vermutlich als Schützerin der Bergleute. Zusammen mit Katharina von Alexandrien und Margareta von Antiochia gehört sie der Trinität der „Heiligen drei Madln" an, die die christliche Umformung der keltischen Bethen Ambeth, Wilbeth und Borbeth sind. Hinter Barbara steht die keltische Borbeth, die Sonnengöttin, deren Attribut der Turm ist. Sie entspricht dem dunklen Aspekt der „Großen Muttergöttin", die uns in den Bethen als Trinität von drei Schutzgöttinnen begegnet. Borbeth mit dem schützenden Turm, dem Bergfried, war die keltische Bergmutter, die mütterliche Wintergöttin, die über die Seelen in der Anderswelt schützend wachte und ihnen Heilung im Schoß der Erde gewährte, bis ein neuer Kreislauf von Wiedergeburt, Leben und Tod begann. Sie ist diejenige Göttin, die den Lebensfaden und das damit verbundene Schicksal des Menschen durchtrennt.

Am 4. Dezember ehrt man das Wunder des Lebens, die heilige Flamme der Lebenskraft in sich. Es ist ein Tag der Freude über dieses kostbare Geschenk, ein Tag der Zuversicht, dass das Leben sich ständig erneuert und uns Raum für Entfaltung gibt.

Räucherritual „Die Lebenskraft ehren"

Um diesen Tag zu feiern und für das Geschenk des Lebens zu danken kann man:

- eine Kerze, als Symbol für das heilige Feuer des Lebens in sich anzünden;
- Rosenblüten, Kirschblüten oder -holz und Myrrhe räuchern;
- sich etwas Zeit schenken, um die Bilder und Gefühle, die in diesem Ritual auftreten, wahrzunehmen, zu beobachten und darüber nachzudenken.

Einem alten Brauch gemäß schneidet man an diesem Tag Kirschzweige.

Man legt die Zweige einen Tag lang in warmes Wasser, um sie danach in einer Vase in einen kühlen Raum zu stellen. Einige Tage vor Weihnachten bringt man die Zweige in einen warmen Raum, wo sie am Weihnachtstag erblühen sollen. Das Blütenwunder zum Christfest verheißt nicht nur reichen Obstsegen für das kommende Jahr, sondern auch Glück und einen Bräutigam für die unverheirateten Mädchen. Auf jeden Fall ist der Anblick der blühenden Zweige mitten im Winter ein Balsam für das farb- und lichthungrige Gemüt.

⁊   Wie verwende ich meine Lebenskraft?

⁊   Welche Spuren möchte ich mit meinem Leben hinterlassen?

⁊   Was ist mir für mein Leben wichtig, bin ich mir selbst treu?

⁊   Wer oder was gibt meinem Leben eine Richtung, die nicht meinem Seelenplan entspricht?

Tarot-Inspirationen

Der Narr

Der NARR

Die Karte des Narren eröffnet den Reigen der 22 Trumpfkarten des Tarots. Die fein gemeißelten Züge lassen den Betrachter zögern, ob die Gestalt im Narrengewand ein Mann oder eine Frau ist. Die weiße Rose in der Hand und der ebenfalls weiße Hund zu Füßen des Narren symbolisieren Aspekte der Natur ebenso, wie über die Farbgebung Unschuld und Reinheit. Die unverwüstliche Essenz der Lebenskraft wohnt allen Formen des Lebens inne. Die Sonne beleuchtet die Szene, als sichtbarer Quell von lebensspendender Energie, die unser Dasein auf der Erde ermöglicht. In der Hand trägt der Narr einen Stock, an dessen Ende ein Bündel baumelt, in dem er alles für ihn Wesentliche verstaut hat. Aufmerksam schweift sein Blick in die Ferne, auf neue Ziele und Erfahrungen gerichtet.

Aspekte des Narren: Lebenskraft, schöpferische Energie in allen Manifestationen, Neugierde, Spiel, Abenteuerlust, der weise Narr,

Exzentrizität, das innere Kind, Freude, spielen und träumen, Neuanfang, Unschuld, Torheit, Verantwortungslosigkeit, Selbstvertrauen

Der Narr: Die heilige Flamme der Lebenskraft ehren

Der Narr lädt Sie ein, die ewig währende Verbindung zur heiligen Quelle der Lebenskraft in sich bewusst wahrzunehmen. Er verkörpert jenen Schlüssel, der uns erkennen lässt: Die Seele ist unsterblich. Die schöpferische Urenergie, aus der sich jedwede Manifestation formt, wohnt als „Atem Gottes" in jedem von uns. Diese Kraft ist der magische Funke, das strahlende Feuer, welches im Kessel der Wiedergeburt in eine neue Form schlüpft, um eine Lebensreise mit der Neugier eines Kindes und der Unschuld eines Narren zu beginnen. Wir selbst bestimmen, wie wir diese Lebenskraft verwenden, was die Essenz dieses Lebens sein wird und auf welche Weise wir eine Haut nach der anderen abstreifen, um unserem Höheren Selbst entgegenzuwachsen. Unter dem Einfluss des Narren erkennt die Weisheit des Herzens das Wesentliche und folgt der inneren Führung. Er fordert uns auf, dem Flüstern unserer Seele und dem Raunen unseres Herzens Gehör zu schenken, um die Herrschaft der Vernunft hin und wieder als göttlicher Narr zu durchbrechen. Wenn Sie mutlos sind und den Schritt in neue Erfahrungen nur zögerlich wagen, bläst er Ihnen die Spinnweben der Vorbehalte und Angst aus dem Kopf, damit Sie mit seiner Energie voller Neugierde und Lebensfreude die Herausforderungen des Alltags annehmen. Sorgfältig verschnürt er seine Erfahrungen in seinem Bündel, das keck und beschwingt an seinem Stock baumelt. Unbekümmert steht er am Rande eines Abgrundes, denn er weiß, seine Lebenskraft ist unzerstörbar. Er ist ein magischer Begleiter für den Schritt ins Unbekannte und die Befreiung des inneren Kindes. Er leitet uns in schwierigen Lebensphasen an, tief durchzuatmen und kostbare

Lernprozesse dankbar in unserem „Bündel" zu verstauen. „Gleite auf den Schwingen der Freude durchs Leben", scheint er uns zuzurufen, und „Sei dir deiner unverwüstlichen Lebenskraft bewusst". Der Narr vermittelt uns die kostbare Fähigkeit, im Hier und Jetzt zu sein, jeden einzigartigen Augenblick der Gegenwart wach und bewusst zu leben, ohne in der Vergangenheit zu haften oder in die Zukunft vorauszueilen. Er erinnert uns daran, dass ein Teil des göttlichen Funkens unsterblicher Lebenskraft in uns die Freude ist und jeder Tag Begegnungen und Aufgaben bereithält, an denen wir wachsen können. Seine Energie durchströmt uns, wenn wir uns staunend dem pulsierenden Leben zuwenden, unseren Träumen Raum zur Entfaltung geben und beseelt von Abenteuerlust nach den Sternen greifen.

Verbindung mit der Kraft des Narren

Um die Energie des Narren in sich zu spüren und sich von Lebenskraft durchspülen zu lassen, können Sie sich einen Tag fern von den Zwängen des Alltags schenken.

- Ein Spaziergang durch die winterliche Landschaft fegt die „Spinnweben" aus dem Kopf, erfrischt die Sinne und klärt die Emotionen.
- Steigen Sie auf einen Hügel und betrachten Sie die Welt, die Ihnen zu Füßen liegt, aus der Perspektive des Narren.
- Werfen Sie Schneebälle, um Ihr inneres Kind aus dem Korsett des Erwachsenen zu befreien.
- Atemübungen, die Ihren Körper mit der lebendigen Kraft des Universums erfüllen, aktivieren die Quelle der Lebenskraft ebenfalls. Die Luft, die wir atmen, ist die Essenz, die uns am Leben erhält.

Das Wichtigste zum Schluss: Verbringen Sie den Tag voller Freude und mit Dankbarkeit für die Kraft, die in Ihnen pulsiert. Erlauben Sie sich, an diesem Tag aus dem Moment heraus zu leben, die Zeit zu vergessen und ein Kind zu sein, für das jeder Augenblick Abenteuer bereithält.

20. Dezember

In der dunkelsten Nacht des Jahres, in der die Regentschaft der Toten-
göttin noch ungebrochen ist, vollendet sich der Kreislauf von Werden,
Wachsen und Vergehen. Die Finsternis senkt ihren sanften Schleier
über das Land, damit wir die Geburt des Lichtes wahrnehmen können.
Am nächsten Tag beginnt, mit der Wiedergeburt des Sonnenkindes,
die nächtliche Dunkelheit bereits eine Minute später. Im keltischen
Jahresrad steht die Eibe als Wächterin am Tor zur Ewigkeit an diesem
Tag.

Die Kelten betrachteten die Eibe als
Baum, der mit der Weisheit des Alters
und den Mysterien der Ewigkeit
verbunden ist. Besonders mächtige Zauberstäbe waren aus ihrem
Holz gefertigt. Sie hüteten die Magie,
aus der der Kreislauf der Zeit gewoben
ist. Die Germanen sahen in der Eiben-Rune
Eiwaz die stärkste aller Schutz-Runen.

Der düstere Planetengott Saturn, der die Weisheit
des Alters symbolisiert, manifestiert sich als Hüter der Mysterien des
Überganges und des Todes in der Eibe. Die Duftimpulse der verräucherten Eiben-nadeln öffnen das Tor zur Seinsebene unserer Ahnen,
deren Raunen man in dieser Nacht vernehmen kann. Uralte Themen,
aus den Tiefen der Zeit, deren Echo noch immer im Gefüge unseres
Schicksals hallt, dürfen in der Dunkelnacht angesehen und verab-

schiedet werden. Der weise Eibenspirit ist ein schützender Begleiter auf den Wanderungen zu unseren Wurzeln, wenngleich er streng und ernsthaft den Blick auf das Wesentliche einmahnt.

Räucherritual „Themen und Bürden loslassen"

In dieser allerdunkelsten Nacht im Jahr verbrannten unsere keltischen Ahnen ein Symbol für die Themen und Bürden, die sie loslassen wollten. Als Symbol fungierte etwa ein Stab, in den das, was losgelassen werden sollte, eingeritzt war.

In einem Ritual kann man Themen, die man dankbar verabschieden und endgültig loslassen möchte, in der Dunkelheit dieser Nacht zurücklassen.

Für dieses Ritual brauchen Sie:

* Zettel und Schreibzeug;
* ein Räucherstövchen (Räuchergefäß) mit Sieb, das ein sanftes Verglimmen des Räucherstoffes gewährleistet;
* eine geringe Menge an Eibennadeln. Denken Sie daran, dass die Eibe zu unseren giftigen Bäumen zählt und man daher auch die Verräucherung der Nadeln bei offenem Fenster durchführen sollte. Zumindest soll nach dem Räuchern gelüftet werden. Schwangere dürfen keine Eibennadeln räuchern.
* eine feuerfeste Schale, in der Sie einen Zettel verbrennen können;
* Zünder oder Feuerzeug.

Setzen Sie sich in Blickrichtung Westen, denn diese Himmelsrichtung symbolisiert in rituellen Räucherungen das, was hinter uns liegt.
* Verglimmen Sie auf dem Rand des Metallsiebes Ihres Räucherstövchens Eibennadeln in geringer Menge.
* Bitten Sie den Eibenspirit als weisen Begleiter auf Ihrer geistigen Reise zu sich.

* Konzentrieren Sie sich eine Zeit lang auf Ihren Atem, der ruhig und gleichmäßig in Ihren Körper hinein- und herausströmt.
* Nehmen Sie den Räucherduft bewusst wahr und beobachten Sie die Bilder und Gefühle, die er in Ihnen auslöst. Was steigt an Bildern und Gedanken aus Ihrem Unbewussten hoch und schenkt Ihnen Hinweise zu Ihrer derzeitigen Lebenssituation?
* Notieren Sie auf einem Zettel das, was Sie loslassen möchten.
* Verbrennen Sie das beschriebene Papier in einer feuerfesten Schale, indem Sie sich für die Erfahrungen, die diese Themen bewirkt haben, bedanken.
* Übergeben Sie das Losgelassene dem Universum und der schützenden, sanften Dunkelheit dieser besonderen Nacht.
* Nun gehen Sie um die Schale herum und setzen sich in Blickrichtung Osten. Diese Himmelsrichtung symbolisiert den Neuanfang, das Noch-nicht-Gewordene, das im Keim von Unschuld und Hoffnung geborgen ist.
* Bleiben Sie dort so lange Sie möchten sitzen und denken Sie an das, was Sie beginnen möchten.
* Lauschen Sie Ihrem ruhigen Atem und dem, was in der kurzen Spanne zwischen Ein- und Ausatmen als Raunen Ihrer Ahnen oder der schützenden Engel, die Sie umgeben, durch Ihren Geist schwebt.
* In dieser Nacht sind die Geister besonders aktiv und man kann einen Blick in die Zukunft erhaschen.
* Die Asche Ihres verbrannten Zettels übergeben Sie bei Ihrem nächsten Spaziergang einem Fluss.

Der Turm

Die Karte des Turms zeigt eine Gewitterstimmung, die mit Blitz und dichten Wolken um einen fest gemauerten Turm tobt. Feuer lodert aus den Fenstern und zwei Gestalten stürzen aus der Höhe herab zur Erde. Die Zerstörung des Turms als Symbol für die Irrtümer und Irrglauben unseres Bewusstseins lässt sich unter dem Ansturm der zerstörerischen Kraft des Blitzes nicht aufhalten. Der Schlüssel XVI symbolisiert den Einsturz destruktiver geistiger Konstrukte und den Ausbruch aus dem Kerker beengender Lebensumstände, in die wir uns eingemauert haben. Er signalisiert eine Auflösung destruktiver Zustände, um das gebundene Potenzial an Kraft freizusetzen.

Attribute des Turms: Erneuerung, die Ketten sprengen, Einsturz falscher Glaubensvorstellungen, Auflösung überholter Muster und Programme, Veränderung oder Aktivierung einer Angelegenheit, Befreiungsschlag, plötzliche Ereignisse

Der Turm: Die befreiende Kraft des Loslassens

Der Turm verkündet Ihnen die Befreiung von überholten Mustern und Programmen. Er verführt den Geist dazu, die eng gesteckten Umzäunungen seiner Konstrukte zu sprengen und sich an noch nicht Gedachtes heranzuwagen. Er beendet kleingeistiges Zaudern, um dem

Stillstand zu entkommen, der unweigerlich das Ende jeder Entfaltung bedeutet. Betrachten Sie diese Energie als tiefgreifende Chance, Ihrem Leben mit Ihren Träumen, Visionen und Talenten eine neue Ausrichtung zu geben. Der Turm zeigt Ihnen, dass es an der Zeit ist, Ballast abzuwerfen, erstarrte Glaubensmuster loszulassen und Ihren Elan für den nächsten Entwicklungsschritt in Ihrem Leben einzusetzen. Wo hängen Sie noch an verbrauchten Programmen oder haben Sie sich ein Gefängnis aus fixen Vorstellungen gemauert? Der Turm führt Ihnen vor Augen, dass es Mut und den Willen zum Handeln erfordert, um das Leben zu entrümpeln, denn wenn all unsere Kraft in gewohnten Abläufen gebunden ist, ist keine Energie für Neues vorhanden, oder, um es mit einer Volksweisheit auszudrücken: „Wenn das Häferl voll ist, hat nichts Neues mehr Platz." Er ist ein Zuruf des Schicksals, sich nicht selbst im Weg zu stehen, Ketten zu sprengen, Pionier zu sein, Mut zu haben, Neues aufzubauen und niemals die Hoffnung auf einen strahlenden Morgen nach einer dunklen Nacht aufzugeben. Vielleicht haben Sie bereits viel zu lange in den einengenden Mauern lähmender Gewohnheiten verharrt. Jetzt rüttelt ein Gewittersturm an Ihrer Unschlüssigkeit und Lethargie, um hinderliche geistige Konstrukte oder destruktive Lebensumstände aufzubrechen. Wann immer wir das geistige Prinzip des Turmes selbst bewusst herbeiführen, findet ein Befreiungsschlag in unserem Leben statt. So anstrengend Ihnen dies auch erscheinen mag, so sehr bereichert es Sie auch mit freigewordener Energie, die Sie für neue Projekte zur Verfügung haben. Wenn die Mauern der Einengung einstürzen, beginnt die Kraft wieder zu fließen und der Blick wendet sich vertrauensvoll nach vorne. Er ist jene Kraft, welche die Akzeptanz der Realität jenseits von Wunschvorstellungen und Illusionen unterstützt, sodass man das gesetzmäßige Wirken höherer Mächte annehmen kann.

Verbindung mit der Kraft des Turms

Die Energie des Turms unterstützt Sie bei der Entrümpelung Ihres Lebens. Mit dem befreienden Loslassen überholter Muster und destruktiver Lebensumstände setzen Sie einen Kraftstrom für die Verwirklichung neuer Visionen frei.

Mit der Energie des Turms verbinden Sie sich:

- durch die Durchführung des Räucherrituals für diese Raunacht;
- durch das Brechen mit alten Gewohnheiten;
- durch die Entrümpelung des Kleiderschrankes oder Schreibtisches und so weiter;
- durch ein klärendes Gespräch mit Freunden oder dem/der Partner/in, um Stagnation zu durchbrechen und neuen Schwung in eine Beziehung zu bringen;
- indem Sie die Ketten krankmachender Abhängigkeiten sprengen;
- indem Sie sich von dem Standpunkt, der darauf beharrt, dass „alles bleibt, so wie es ist", trennen.

21. Dezember | Wintersonnenwende

Thema: Wintersonnenwende / Julfest / Alban Arthuan

Die Wintersonnenwende markiert als Spiegelbild der Sommersonnenwende einen energetischen Umschwung im Jahr. Ab diesem Zeitpunkt werden die Tage wieder länger und die Erde beginnt sozusagen auszuatmen, um die Natur mit Wachstumsenergie zu erfüllen. Für unsere keltischen Ahnen war die Wintersonnenwende „Alban Arthuan" das „Licht des Arthur". Das Wort *Jul* hat seinen Ursprung im Skandinavischen und bedeutet *Rad* (*Jahreskreislauf, Jahresrad*). Der „Julbock" bestand aus Eichenholz, denn die Eiche war nicht nur ein heiliger Baum der Druiden, sondern auch das Sinnbild für die Erde, die Materie ohne Licht. In der Julnacht wurden alle Feuer gelöscht und sodann wurde auf dem Julbock das Feuer mit dem Drillbock neu entfacht. Dieses Feuer galt als heilig und mit seinen Flammen wurden alle Feuer im Haus neu entfacht. Auf den Hügeln wurden mächtige Freudenfeuer entzündet, um die wiederkehrende Sonne zu ehren.

Brennende Strohscheiben oder Räder, die man über die Felder von den Hügeln herabrollte, symbolisierten die lebensspendende Sonnenkraft. An diesem besonderen Tag aß man Schwein als Symbol der Fruchtbarkeit und Fülle. Das Christentum bezeichnet diese Nacht als „Thomasnacht" und weihte sie dem Apostel Thomas. In dieser Nacht soll es möglich sein, in die Zukunft zu sehen und die Schicksalsfäden neu zu verweben. Am 21. Dezember wurde das Kräuterbündel, das am 15. August geweiht worden war, verräuchert. Die traditionellen Wintersonnenwendepflanzen wie Mistel, Tanne, Efeu und Stechpalme schmückten das Haus.

An diesem Tag können Sie eine Lichträucherung machen, um das heilige Feuer der Liebe zu entzünden und zu stärken.

Räucher-Lichtritual

Für das Ritual benötigen Sie:

- ๛ einen Raum, in dem Sie ungestört sind;
- ๛ ein Räucherstövchen mit Sieb und Zündern;
- ๛ Beifuß, Eichenrinde, Alant, Johanniskraut, Königskerzenblüten, Kiefernharz, Holunderblüten, Mistelkraut und Tannennadeln;
- ๛ eine Kerze.

Zünden Sie die Kerze an und beginnen Sie die Kräuter und Harze zu verglimmen. Während Sie tief und ruhig atmen, betrachten Sie die Flamme und verbinden Ihren Geist mit dem Licht. Visualisieren Sie, wie dieses Licht und diese Wärme Sie umhüllen, Sie ganz und gar durchdringen und jeden Winkel Ihres Körpers erfüllen. Visualisieren Sie, wie Sie in Ihrem Herzen das heilige Feuer der Liebe entzünden und sagen Sie: „Ich entzünde das heilige Feuer der Liebe in mir. Ich hüte sein Licht und nähre seine Kraft. Danke für die Liebe in meinem Leben."

Die Sonne

Die SONNE

Die Karte XIX im Deck der Trumpfkarten zeigt eine hell leuchtende Sonne, deren 21 Strahlen abwechselnd gerade oder wellenförmig ausgebildet sind. Ihre Symbolik weist darauf hin, dass nach jeder dunklen Nacht ein neuer Morgen voller Hoffnung und kostbarer Möglichkeiten folgt. Die Sonne, als Quelle allen Lebens, steht mit den Lichtgottheiten Bel, Lug und Apollo in Verbindung, die einerseits an der Seite der Vegetationsgöttin das männliche, zeugende, befruchtende Prinzip verkörpern, andererseits jedoch auch die Bewusstwerdung des Geistes symbolisieren. Sonne und Licht als verfeinerte Form der Feuerenergie verkünden von Erwachen, Auferstehung, Erleuchtung und sich fortwährend regenerierender Lebensenergie. Das Kind auf dem Schimmel repräsentiert das göttliche, innere Kind, das dem Leben voller Fröhlichkeit und Optimismus gegenübertritt. Ein Beginn des erwachenden Bewusstseins wird hier signalisiert.

Aspekte der Sonne: Vitalität, Lebensfreude, Erwachen des Bewusstseins, Selbstvertrauen, Erfolg, Autorität, Bewusstheit und Klarheit, kosmische Energie, Regeneration, Strahlkraft, Synthese aller Erfahrungen

Die Sonne: Klarheit für Ihr Leben

Die Sonne öffnet die Tore zu spirituellen Kräften und das Einschwingen auf eine neue Bewusstseinsebene. Geist und Herz bereiten sich mit dieser enormen Energie auf den nächsten Entwicklungsschritt vor. Sie ruft uns in Erinnerung, dass Formen des Bewusstseins und vorangegangene Erfahrungen im Schmelztiegel der Erneuerung zu einer neuen Form verbunden werden, um das Fundament für notwendige Lernprozesse zu gestalten. Die Sonne bringt Ihnen als Bote königliche Lichtkraft und Vitalität. Ihre leuchtende Präsenz geht mit der Feuerkraft in Ihnen in Resonanz, damit Ihr ganzes Wesen erstrahlt, Ihr Selbstvertrauen erstarkt und Ihnen daraus Regeneration auf allen Ebenen zuteil wird. In Lebensphasen, die mit Herausforderungen durchwachsen sind, unterstützt sie uns darin, unser Bestes zu geben, sowie unsere Fähigkeiten zu schärfen, um siegreich aus den Prüfungen hervorzugehen. Sie mag ein Aufruf sein, über unsere Grenzen hinauszuwachsen, um ein Ziel zu erreichen oder sich selbst zur bestmöglichen Form zu entwickeln. Mit dieser Energie werden Sie für ein Projekt zur kraftspendenden Sonne, denn Sie entwickeln mit diesen Impulsen eine magnetische Strahlkraft, die alles anzieht, was für Ihre Ziele notwendig und förderlich ist. Die Sonne begleitet den archaischen Rhythmus des Vegetationsjahres. Durch sie strömt kosmische Energie, gebündelt in Licht und Wärme, auf die Erde nieder. Ihr geistiges Prinzip lädt Sie ein, sich zu fragen: „Welches Bewusstsein trägst du nach außen?" Vielleicht wählen Sie einen Weg voll sanfter Wärme und Friedfertigkeit, vielleicht glühen Sie voll Begeisterung für Ihre Ziele und die Energie der Sonne beflügelt Sie auf dem Weg dorthin. Sie schenkt Ihnen die nötige Kraft, um Ihrem Leben neuen regenerierenden Schwung zu verleihen. In Verbindung mit dieser Energie wird der Geist nicht nur klar und aufnahmebereit für neue Bewusstseinsinhalte, sondern zieht sie förmlich an. Resultierend daraus drückt sich Klarheit im Fühlen und Handeln aus. Ihre Strahlkraft lässt Ihr inneres Kind leuchten, um Ihnen zuzuraunen, welchen Weg es wählen, welche namenlose Sehnsucht es erfüllen wollte. Ihnen obliegt es, Ihre Lebensvision aus der Bilderwelt der Seele zu erschließen und auf den Schwingen der Lebensfreude leichten Herzens in einen neuen Zyklus zu gleiten.

Verbindung mit der Kraft der Sonne

Die Kraft der Sonne lodert in den Flammen des Wintersonnwende-feuers.

- Tanzen Sie, so wie unsere Vorfahren es viele Jahrhunderte lang taten, ausgelassen und voller Freude um ein Sonnwendfeuer. Rufen Sie Ihr unbeschwertes, inneres Kind hervor, um seine Visionen und Träume zu zelebrieren und seinen lebendigen Enthusiasmus zu teilen.

- Laden Sie die Energie und lebensspendende Kraft des Feuers in Ihr Leben ein.

- Träumen Sie sich im Schein des zuckenden Feuers in die geistige Welt, um das Raunen der Ahnen und wohlmeinender Schutzwesen zu vernehmen.

- Wenn Sie keine Möglichkeit haben, ein Sonnwendfeuer zu entfachen, können Sie als Ersatz dafür Ihr Räucherstövchen in der warmen Stube entzünden, um mit verglimmender Zimtrinde, Lorbeerblättern und Weihrauch mit Sonnenfeuerkraft in Resonanz zu gehen.

24. Dezember | Heiligabend

Thema: Mutternacht | Modranecht

In der christlichen Tradition bereitet man sich am 24. Dezember auf die Geburt des göttlichen Kindes vor.

Das Haus wird geputzt und festlich geschmückt. Traditionell werden an diesem Tag Haus und Stallungen geräuchert und gesegnet. Der Akt des Segnens ist eine Kraftübertragung von Liebe und Schutz und hat zudem eine tiefgreifende, heilende Wirkung.

Räucherritual „Klären und Segnen"
Für eine Räucherung in dieser Nacht eignen sich: Angelika, Alant, Beifuß, Holunderholz, Tannenharz, Wacholder, Weihrauch. Lassen Sie sich von Ihrem Herzen führen, welches Pflanzenwesen Sie bei der Klärung und Segnung Ihres Heimes um Unterstützung bitten.

Klären
Beginnen Sie mit dem Ausräuchern in der Küche. Die Feuerstelle und später der Herd waren seit jeher das Herzstück des Hauses. Dort wurde das heilige Feuer gehütet, das das Überleben der Sippe gewährleistete. Um das Feuer versammelte man sich, um zu essen, sich zu wärmen

und zu kommunizieren. Nach der Küche räuchern Sie den Keller und danach die höher gelegenen Räume bis unters Dach. Verteilen Sie den duftenden Rauch gut in allen Ecken und gehen Sie damit auch außen um das Haus herum. Anschließend lüften Sie gut, damit die schwere Energie hinaus kann.

Segnen

Wenn Sie die Räume mit dem Räucherritual von ihrer schweren, dumpfen Energie gereinigt haben, können Sie die positive, lichtvolle Kraft eines Segens darin verankern.

- Reinigen Sie zuerst Ihre Aura indem Sie den duftenden Rauch von Salbei und Wacholder an Ihrem Körper entlang sowohl hinauf- als auch hinabführen. Räuchern Sie über Ihren Kopf hinweg und halten Sie zum Abschluss Ihre Hände in den klärenden Rauch.
- Füllen Sie Weihwasser oder reines Quellwasser in eine schöne Schale und legen Sie einen Tannen- oder Fichtenzweig bereit, mit dem Sie das Wasser versprengen möchten. Visualisieren Sie den Raum, den Sie segnen, in goldenem Licht. Während Sie das Wasser versprengen, können Sie z. B. sagen: „Ich segne diesen Vorraum. Möge jeder, der in unser Haus eintritt, geschützt und geborgen sein." So können Sie für jeden Raum um die Kraft bitten, die Sie dort verwurzelt haben möchten.

Mutternacht | Modranecht

Am 24. Dezember ehrt man alles, was Leben schenken kann.

Vor der Christianisierung stand die Mutternacht mit den alten, weisen Göttinnen in Verbindung, die die Geheimnisse der Lebenszyklen kennen. Wenn tief im Schoß der Erde das Licht der Sonne wiedergeboren wird, ist es die mütterliche Energie, die den jungen Sonnengott hütet und nährt. Die drei Tage nach der Wintersonnenwende waren den weisen Schicksals- und Muttergöttinnen geweiht, die das Lichtkind in ihre Geheimnisse einweihen und ihm den Weg in den neuen Jahreszyklus ebnen. Die griechische Göttin Gaia, die Muttergöttin Holle und die nordische Frigga repräsentieren dieses Prinzip ebenso wie die Nornen. Die drei Nornen befinden über das Schicksal von Menschen und Göttern gleichermaßen. Sie sitzen am Brunnen Urd am Fuße des Weltenbaumes Yggdrasil und verweben den Schicksalsfaden, den die Göttin Frigga gesponnen hat. Die Norne Urd verkörpert die Vergangenheit. Sie ist die alte Frau, die das Gewordene akzeptieren muss. Verdandi repräsentiert die Gegenwart. Die jugendliche Göttin ist die Schutzgöttin der Neugeborenen. Sie hat die kurze Zeitspanne des Seienden zur Verfügung. Die dritte Schwester, Skuld, ist das junge Mädchen, das den Faden der Zukunft spinnt. Sie trägt einen Schleier, um das Geheimnis der kommenden Zeit zu wahren und ein ungeöffnetes Buch für die ungeschriebenen Taten.

Im Kulturraum, der dem ehemaligen Noricum (Österreich) entspricht, hießen die Muttergottheiten die Bethen. In heidnischer Zeit zogen sie durch das Land, um ihren heilbringenden Segen und weisen Rat zu den Menschen zu bringen. Sie wurden besonders als Beschützerinnen der Frauen und Kinder verehrt. *Bethe* bedeutet *Erde* und steckt im Wort *Bett* ebenso wie in *beten*. Die drei Göttinnen namens Ambeth, Wilbeth und Borbeth wurden im Zuge der Christianisierung durch die „Heiligen drei Madln" Barbara, Katharina und Margarethe ersetzt, um die Verehrung der keltischen Göttinnen im christlichen Gewand weiterleben zu lassen. Aus Borbeth, der mütterlichen, leuchtenden Sonnengöttin, wurde Barbara mit dem Turm. Ambeth, die Leben gebärende Mutter und Erdgöttin, wurde zur Margarethe mit dem Wurm. Die Schlange / Wurm symbolisiert den ewigen Kreislauf von Geburt, Tod und Wiedergeburt. Wilbeth, die helle Mondgöttin mit dem Rad des Schicksals, wurde zur christlichen Katharina.

In dieser Weihenacht verbinden wir uns mit den „Disen", den Urmüttern aus der weiblichen Ahnenlinie, die die Sippe mit ihrer Erfahrung nährten und schützten. Die weise Alte hütete das Feuer, war mit den heilenden Kräften der Pflanzengeister vertraut und kommunizierte mit der Welt der Geister. Sie band die Geschichte des Stammes und seine Weltsicht in Erzählungen, die von Generation zu Generation weitergegeben wurden. Mit dieser Kunde verband sie Vergangenheit mit Gegenwart und verwob beides mit der Zukunft. Die Fundamente, die unsere Urahninnen gebaut haben, sind die Säulen, die uns noch immer tragen. Frau Holle ist die Herrin der Disen, das mütterliche Urprinzip hinter jeder weiblichen Ahnenlinie.

Meditatives Innehalten

- Wie leben Sie Ihre mütterliche Energie und wen und was nähren Sie damit?
- Wie sorgen Sie liebevoll, mütterlich für sich selbst?

∞ Zünden Sie ein Licht für Ihre Ahnen an, erbitten Sie den Segen Ihrer Clanmütter und öffnen Sie Ihr Herz, um ihre Stimme und ihren gütigen Rat zu hören.

Diese Pflanzenwesen unterstützen Sie mit ihrem duftenden Rauch:
Holunderholz und -blüten, Lindenblüten, Myrrhe, Rose

Sprechende Tiere

In dieser Nacht wird auch den Tieren gedankt. Während der Raunächte soll man die Sprache der Tiere verstehen und von ihnen Hinweise auf die Zukunft bekommen. Die sprechenden Pferde in unseren Märchen und Sagen weisen auf die magische Verbindung unserer keltischen Vorfahren mit diesen Tieren hin. Pferde wurden in den heiligen Hainen gehalten und als Übermittler der göttlichen Weisheit in kultische Handlungen einbezogen. Zum Jahreswechsel befragte man die heiligen Tiere als Orakelpferde, die den Lauf der Zukunft voraussagten.

In der christlichen Mythologie sind es Heilige wie Georg oder Stefan, die die Kultpferde an ihrer Seite haben, um die alten Traditionen umzuwandeln. Das Orakelpferd der Raunächte hat seinen Platz in den „Stefaniritten" am 26. Dezember erhalten. Das weise Tier von einst wird nun in christliche Rituale eingebunden und gesegnet.

Ein anderes Tier, das für unsere Ahnen kultischen Stellenwert hatte, war die Biene. Die Wertschätzung für dieses Tier hat sich in christlichen Zeiten nicht geändert. In der Dunkelheit der Heiligen Nacht erzählte der Bauer den Bienen und Obstbäumen von den wundersamen Ereignissen um Christi Geburt. Darin spiegelt sich das Bewusstsein, mit allen Geschöpfen im großen Ganzen verbunden zu sein und mit ihnen kommunizieren zu können.

Räucherritual „Die Verbundenheit mit allen Wesen"

- ∞ Suchen Sie sich einen Baum in der Natur, von dem Sie sich angezogen fühlen.

- ∞ Nehmen Sie Ihr Räucherstövchen dorthin mit und verglimmen Sie Melisseblätter auf dem Sieb. Dieses Pflanzenwesen öffnet Ihnen mit seinen feinen Schwingungen das Bewusstsein für die Verbundenheit mit allen Wesen und Lebensformen.

- ∞ Öffnen Sie Ihr Herz für die Liebe, die Sie für Tiere und Pflanzen empfinden. Bedanken Sie sich für die Freude, die sie in Ihr Leben bringen, und stellen Sie eine kleine Gabe für die Tiere, Pflanzen und Naturwesen an die Wurzeln des Baumes. Das kann ein Schüsselchen mit Milch oder anderen Speisen sein.

Die Herrscherin / Die Kaiserin

Die Herrscherin verkörpert den Archetypus der Mutter, der seinen Ausdruck in den alten Muttergöttinnen ebenso findet wie im Bild von „Mutter Natur". In der Mythologie taucht diese Kraft als Göttin Aphrodite, Venus oder als Korngöttin Demeter auf. Die zwölf Sterne in ihrem Haar symbolisieren die zwölf Sternbilder des Tierkreises ebenso, wie die zwölf Monate des Vegetationsjahres. Ihr Fuß ruht auf der Mondsichel. Mondsichel und Sterne tauchen als Attribute der alten Muttergöttinnen auf und sind Zeichen der Regentschaft der Herrscherin über das Universum. Die sieben Perlen als Sinnbild für die sieben Wandelsterne unterstreichen diesen Aspekt zusätzlich. Der herzförmige Schild mit der Taube ist ebenso ein Hinweis auf Venuskräfte wie der Myrtenkranz im Haar der Herrscherin. Die Göttin Venus / Aphrodite gilt als Schirmherrin der Liebe. Die Taube als Symbol in Verbindung mit dem schützenden Schild verbildlicht, dass die Macht der Liebe der beste Schutz ist.

Aspekte der Herrscherin: Fruchtbarkeit, Kreativität, Wachstum, Fülle, Segen, Gnade, Schwangerschaft, Muttergöttinnen, Liebe, Schönheit, Rhythmen der Natur, Mütterlichkeit, Fürsorge, Schutz, Sinnlichkeit, Vielfalt, Vertrauen, Geborgenheit

Die Herrscherin / Kaiserin: Die mütterlich nährende Göttin in Ihnen

Die Herrscherin verbindet Sie mit der göttlichen, weiblichen Energie, mit Mütterlichkeit, Schutz und Fürsorge sowohl für Ihre Blut- und Herzensfamilie als auch für Ihre Visionen. Ihre liebende Kraft nährt eine Gemeinschaft und alles, was Sie lieben, rückhaltlos, um Geborgenheit zu schenken und Gedeihen zu fördern. Sie ist das Tor zum prallen Leben, das Sie durchschreiten, wenn Sie Ihre Augen für die Schönheit, Fülle und die Pracht, die das Leben Ihnen schenkt, öffnen. Aus ihren Kräften werden das verschwenderische Füllhorn der Natur gespeist und ein Raum der Gnade und des Segens gewebt. Die Herrscherin ist ja die weibliche Schöpfungskraft in Ihnen, die gesehen, gelebt und angenommen werden möchte. Sehnend, süß und betörend taucht ihre Energie die Welt in das Licht der Liebe, denn sie liebt alles und über ihre Liebe lässt sie alles wachsen. Im Garten der Herrscherin fließt das Wasser des Lebens, das den Brunnen unseres Schöpfungspotenzials durchströmt und uns auf denkbar beste Weise in den Strom des Lebens einbindet. Über ihre leuchtende Kraft sind Sie mit den alten Muttergöttinnen verbunden, deren Weisheit Ihnen die Geheimnisse der Lebenszyklen ins Bewusstsein rufen. Ihr mütterliches, nährendes, fürsorgliches und schützendes Wesen wird aus der fruchtbaren Energie der Herrscherin geboren. Fortwährend schöpft diese Energie aus der Quelle des EINEN, um ständig neue Formen des Lebens hervorzurufen, sie entfalten und reifen zu lassen. Denn die Herrscherin gebietet über die Kraft der Venus, die das immerwährende Wachstum der Natur und des Seins an sich repräsentiert. Die zwölf Sterne ihrer Krone spiegeln auch die zwölf Monate des Vegetationsjahres mit seinen wechselnden Abläufen wider. Seien Sie sich bewusst, dass die Herrscherin als mütterlicher Aspekt sowie als Göttin der Liebe und Schönheit ihren blühenden Garten in Ihrem Herzen schimmern lässt.

Wann immer Sie aus ihrem Kessel der Wandlung schöpfen, weben Liebe, Gnade und Fülle ihren Zauber in Ihr Leben.

Verbindung mit der Kraft der Herrscherin

Die liebevolle mütterliche Energie der Herrscherin aktivieren Sie:

- ❧ Wenn Sie diese Qualität aktiv und bewusst leben, indem Sie einen Tag als Fest der Freude gestalten, an dem Sie sich und Ihren Lieben Gutes tun.

- ❧ Wenn Sie mit Ihrer inneren Göttin in Verbindung treten, um Schutz und Segen zu erbitten. Diese liebende Kraft gilt es auch anzurufen, damit eine Idee oder ein Projekt unter einem guten Stern steht, sich bestmöglich entfaltet und gedeiht. Sie ist der kreative Strom, der Ihre Lebensvision, Ihre Ziele und Ideale mit Wachstum segnet und Ihnen hilft, sie kraftvoll umzusetzen. Das Band zur Kraft der Herrscherin können Sie auch im Rahmen des Räucherrituales für diesen Tag in der Natur weben. Dort ist diese Energie als Mutter Erde besonders intensiv spürbar.

25. Dezember | Christtag | 1. Raunacht

Thema: Das Licht in meinem Leben

Im frühen Christentum, im Jahr 217, erklärte Papst Hippolytos den 25. Dezember zum Geburtstag von Christus. In der christlichen Welt erscheint mit der Geburt Christi das Licht des Erlösers in der Welt, das unsere Herzen erleuchtet und der Welt Liebe, Hoffnung und Frieden schenkt. Die Feier der Geburt des Lichtes ist in vielen Kulturen verankert. In der ägyptischen Religion gebar die Muttergöttin Isis das personifizierte Licht als ihren Sohn Horus, im persischen Mithraskult wurde zu diesem Zeitpunkt das Sonnen-Lichtprinzip begrüßt und im römischen Reich feierte man die Geburt des „sol-invictus", die Geburt der „unbesiegbaren Sonne". Was Papst Hippolytos mit der Wahl dieses Datums für die junge christliche Religion zu erreichen versuchte, setzte Karl der Große (742–814) in unserem Kulturraum mit unbeugsamer Hand durch. Er etablierte das Christentum in seinem Reich mit Zwangstaufen und verbot alle im Volk verwurzelten Riten, die mit dem Fest der Wintersonnenwende und den darauffolgenden Tagen verbunden waren.

Wir feiern an diesem Tag das Licht in unserem Leben, das sich als segnende Kraft, als Liebe und sich ewig erneuerndes Leben zeigt. Dieser erste Raunachtstag wird üblicherweise mit der Familie verbracht. Betrachten Sie das, was Sie verbindet, anstelle dessen, was trennend zwischen Ihnen und manchen Familienmitgliedern steht. Segnen Sie Ihre Familie, die Menschen und Tiere, die Sie lieben. Vergessen Sie nicht das Quäntchen Humor, das viele spannungsgeladene Beziehungen und Situationen entschärfen kann.

An diesem Tag fängt Ihr **Raunachtsbegleitbuch** an, in dem Sie all Ihre Beobachtungen und Träume festhalten, um daraus am Ende der Raunächte konkrete Schlüsse für Ihre nächsten Schritte ziehen zu können.

Die 1. Raunacht steht symbolisch für den
Jänner

Skadi, die nordeuropäische Göttin des Winters, von deren Namen sich *Skandinavien* ableitet, zeigt uns die Freuden dieses Monats. Skadi entstammt dem Geschlecht der Eisriesen. Sie liebt Eis, Schnee und die Jagd. Die glitzernde, blendend weiße Winterwelt ist ihr Zuhause. Weiße Hunde ziehen sie auf ihrem Eisschlitten durch die weite, einsame Schneewelt, in der sie jagt. Sie verkriecht sich nicht in der warmen Stube, sondern zeigt uns die Freuden der winterlichen Natur, in der schon die Hoffnung auf Neuanfang ruht. Skadi war die Frau des Meeresgottes Njörd. Njörd liebte das Meer, Skadi liebte die Berge und so vereinbarten sie, jeweils für neun Tage in der Welt des anderen zu leben. Als diese Lösung nicht funktionierte, zerbrach ihre Ehe. Skadi nahm die Latten des Ehebettes und fertigte daraus die ersten Ski, um in ihre Bergheimat zurückzukehren.

Skadis Lehren

- ℰ Sie lehrt uns, sich selbst treu zu bleiben und unsere Lebensumstände so zu wählen, wie es für uns richtig ist.
- ℰ Die klare Winterluft klärt die Gedanken.
- ℰ Einsamkeit und Stille sind heilsam, um die eigenen Gedanken wahrzunehmen und die Kreativität zu wecken.

Der Eremit

Die Karte IX der 22 Trumpfkarten des Tarot zeigt einen Eremiten. In schlichtes, graues Gewand gehüllt, trägt er einen Stab in der Hand, der als Symbol der Willenskraft die Verbindung zum innersten Wollen darstellt. In der anderen Hand trägt er die Laterne mit dem Licht des Hexagramms, das die polaren Kräfte von Yin und Yang verbindet. Völlig in sich versunken hält er den Blick nach innen in sein Zentrum gerichtet, um das göttliche Licht in sich wahrzunehmen. Tröstlich und warm durchbricht der Schein der Laterne die Dunkelheit, die den Eremiten umgibt.

Aspekte des Eremiten: Rückzug aus der Außenwelt, Weisheit, Askese, das innere Licht und die innere Führung, Leitstern auf dem Weg der spirituellen Entwicklung, Führer durch die eigene Dunkelheit, Selbsterkenntnis, Stille, Kontemplation, Meditation, Selbstfindung, in sich ruhen, Liebe und Mitgefühl

Der Eremit: Mein inneres Licht weist den Weg

Durch dieses Bild erreicht Sie der Archetypus des weisen, alten Mannes, der den steilen Weg der Selbsterkenntnis auf dem Weg der inneren Reifung emporgestiegen ist. In schlichtes, graues Gewand gehüllt, misst er dem Glanz der Außenwelt keine Bedeutung zu, um, ganz in sich versunken, dem Ruf seiner Seele zu folgen. Er weiß um die Mühen und Behinderungen auf dem Pfad zum innersten Wesenskern, den das Licht seiner Laterne für ihn beleuchtet. Er gemahnt Sie, Ihr ureigenstes Sein wahrzunehmen, anzunehmen, zu entfalten, um sich in Hingabe und Liebe mit Ihrem Höheren Selbst zu verbinden. Asketische Stille hüllt Sie ein, während Sie die Welt Ihrer Seele auf tief verborgenen Pfaden auf der Suche nach dem Gral durchwandern. Ihr ureigenstes Wesen, das Licht Ihrer Seele ist dieser Gral, den Sie hinter dem Rollenspiel der Masken des Egos ergründen wollen. Dieses Licht führt Sie sicher und geborgen durch die Dunkelheit und die Stürme des Lebens. Ihr leuchtendes, inneres Zentrum schenkt Ihnen Kraft, Mut und Ausrichtung. Der Eremit rüttelt an den Fesseln Ihrer Anpassungsmuster, damit Sie sie abschütteln und Ihr Leben frei und authentisch leben können, sowie im Einklang damit sich selbst treu bleiben. Der Eremit steht auf einem Berg als Sinnbild für den Rückzug, in den sich jeder Suchende und Schamane seit Zeitaltern begibt, um fern der fordernden Außenwelt in Kontakt mit der inneren Führung zu treten. Die Erkenntnisse, die Sie unter dem Einfluss des Eremiten gewinnen, mögen als wegweisendes Licht für Sie und andere strahlen.

Verbindung mit der Kraft des Eremiten

- ✍ Schenken Sie sich für die Verbindung mit der Kraft des Eremiten einen Tag des Rückzugs, der Einkehr und der Stille.
- ✍ Wählen Sie für das folgende Ritual einen Platz aus, an dem Sie ungestört sind.
- ✍ Setzen Sie sich mit aufrechtem, geradem Rücken hin und positionieren Sie um sich herum Kerzen in kreisförmiger Anordnung.
- ✍ Zünden Sie die Kerzen an und beginnen Sie tief und ruhig zu atmen.
- ✍ Spüren Sie, wie sich Ihre Bauchdecke sanft hebt und senkt und

wie Ihr Atem in jeden Winkel Ihres Körpers fließt.

- ೭ Visualisieren Sie das Bild des Eremiten und das tröstliche Licht seiner Laterne.
- ೭ Mit jedem Atemzug fließt dieses Licht in Sie hinein, erfüllt Sie mit seiner Strahlkraft, bis Sie ganz und gar von diesem Leuchten und dem Licht der Kerzen um sich herum erfüllt sind.
- ೭ Das Licht strahlt in Ihrem Inneren, umhüllt Ihren Körper und dehnt sich immer mehr aus, um weit über Sie hinaus in die Welt zu strahlen.
- ೭ Bleiben Sie eine Weile in dieser Energie und bewahren Sie abschließend das Licht in Ihrem Herzen, indem Sie den weit ausgedehnten Lichtschein in Ihr Inneres zurückfließen lassen und als Flamme in Ihrem Herzen bündeln.

Um den Aspekt des Lichtes zu betonen, können Sie Ihr Ritual mit dem Duft von Weihrauch begleiten.

26. Dezember | 2. Raunacht

Thema: Verbindung mit der inneren Stimme

Eine der vordringlichsten Aufgaben in den Raunächten ist die Verbindung mit unserer intuitiven Kraft, mit der Stimme unseres Herzens oder unserer inneren Führung. Erziehung und unbewusste Denk- und Verhaltensmuster verleiten uns dazu, die Probleme, die uns das Leben präsentiert, vornehmlich über den Verstand zu lösen und unsere innere Führung nur leise wahrzunehmen. Das bewusste Annehmen unserer inneren Führung erlaubt es uns, mit feinstofflichen Ebenen Kontakt aufzunehmen, unsere verborgene Weisheit wahrzunehmen und damit auf verschiedenen Ebenen der Wirklichkeit nach einer Lösung für Probleme und nach unserer ganz persönlichen Wahrheit zu suchen. Damit gelingt es auch, den notwendigen und tiefgreifenden Veränderungen in unserem Leben mit mehr Gelassenheit zu begegnen.

Räucherritual „Verbindung mit der inneren Stimme"

Mit folgendem Ritual können Sie sich mit duftendem Rauch aus dem Alltag herausheben, um sich Zeit für die Verbindung mit Ihrer inneren Stimme zu geben. Der Duft der Kräuter öffnet die Tür in Ihr Unbewusstes und verfeinert Ihr Wahrnehmungsvermögen.

Sie brauchen dazu:
- einen ruhigen Platz, an dem Sie ungestört sind;
- eventuell eine Augenbinde;
- ein Räuchergefäß mit Teelicht und Metallsieb, auf dem die Kräuter sanft verglimmen, sodass Sie ihren Duft lange genießen können;

- Kräuter und Harze wie Beifuß, Weihrauch, Propolis, Mastix, Dammar, Kalmus, Melisse, Salbei und Angelika.

Nachdem Sie Räucherstoffe ausgewählt haben und diese auf dem Sieb verglimmen, beginnen Sie sich zu entspannen und tief und ruhig ein- und auszuatmen. Visualisieren Sie sich an einem schönen Platz, an dem Sie sich wohlfühlen und betrachten Sie die Umgebung, in der Sie sich befinden.

- Welche Bäume, Tiere oder Pflanzen fallen Ihnen auf?
- Welche Gefühle steigen in Ihnen hoch, welche Erinnerungen?
- Was haben diese Eindrücke mit Ihrer derzeitigen Lebenssituation zu tun oder mit den Plänen für Ihre Zukunft?
- Bitten Sie Ihren Seelenführer zu sich und bitten Sie um seine schützende Begleitung durch die Raunächte. Er wird gerne kommen, denn er liebt Sie. Vielleicht nehmen Sie ihn als Engel, als Krafttier, als Pflanzenspirit, als Farbe oder Klang wahr. In welcher Gestalt er sich Ihnen auch immer zeigt, seine liebevolle Präsenz wird Ihnen zeigen, dass er Ihr Seelenführer ist, der Ihnen hilft, Ihre innere Führung wahrzunehmen.
- Verbinden Sie sich täglich mit der liebevollen Führung dieses schützenden Boten aus den feinstofflichen Ebenen, indem Sie ihn bitten, Sie zu begleiten.

Die 2. Raunacht steht symbolisch für den
Februar

Am 2. Februar feierten unsere keltischen Vorfahren das Jahreskreisfest „Imbolc", das im christlichen Kirchenjahr zu „Maria Lichtmess" wurde. *Imbolc* bedeutet *im Bauch* und meint das Leben, das in den Wintermonaten im Bauch der Erde zu keimen begonnen hat und nun in leuchtenden Farben aus der Erde hervorbricht. Die Bäche sind von der Last des Eises befreit und die Schneeschmelze bringt den ersehnten Segen der Feuchtigkeit auf die dunklen Ackerschollen. Schneeglöckchen, Veilchen und Primeln recken die Blütenköpfchen vorwitzig den sanften Sonnenstrahlen entgegen. Saft schießt in die Bäume und die Luft duftet nach Frühlingskraft. Dem Glauben unserer Vorfahren nach, zog die junge Frühlingsgöttin Brigid über das Land, um die Natur nach der Winterstarre zu erwecken und mit ihrem Segen zu erfüllen. An ihrer Seite wandert der Lichtgott in seiner tierischen Gestalt als Bär. Im Schoß der Erde hat er die kalten Winterwochen überdauert und bringt sich nun mit den kraftstrotzenden Frühlingskräutern in Schwung.

Alle Kräfte sind jetzt auf Reinigung und Erneuerung ausgerichtet. Die Birke ist der Baum der anmutigen, strahlenden Frühlingsgöttin. Mit seinem Saft bietet uns der Baum eine reinigende Frühlingskur an.

Meditatives Innehalten

&ᴐ   Was möchte in Ihnen aus der Erstarrung befreit werden, um sich zu entfalten?

Der Hierophant

Der HIEROPHANT

Der Schlüssel V in der Reihe der Trumpfkarten zeigt einen Eingeweihten (Hierophant), der in manchen Kartendecks auch als Papst bezeichnet wird. Er vertritt kirchliche oder spirituelle Lehrsysteme, die das Tor zu den inneren Welten öffnen, welche jedoch, sofern sie negativ gelebt werden, wohl auch zum starren Dogma werden können. Zwei gekreuzte Schlüssel zu seinen Füßen erschließen die Kräfte des Unbewussten und die Kräfte des Überbewusstseins. Er ist der spirituelle innere Lehrer, der uns darin unterweist, den eigenen Weg zu gehen.

Aspekte des Hierophanten: Verbindung zur inneren Stimme, den Sinn des Lebens ergründen, Lernen und Lehren, die innere, erkannte Wahrheit, auf die göttliche Führung vertrauen, Berufung, guter Rat, Brückenbauer, das innere Hören

Der Hierophant: Eine Brücke zur inneren Stimme schlagen

Der Hierophant öffnet die Tore zu intuitivem Wissen, zu neuen Wegen, die aus der Verbindung von Geist und der Weisheit des Herzens beschritten werden. Er unterweist Sie in der Fähigkeit, sich für den inneren Lehrer zu öffnen, um Anleitung und Führung aus Dimensionen, die das menschliche Auge nicht zu erblicken vermag, zu erhalten. Der Hierophant schlägt die Brücke zur innersten Autorität, die stets genau weiß, ob etwas richtig ist oder nicht. Infolgedessen klären sich diffuse Zustände und es wird möglich, gemäß der klaren Ausrichtung der inneren Haltung zu leben. Er ist Teil von Ihnen, um Brückenbauer zwischen den Welten, Fährmann und Wegweiser für Ihren Lebensweg zu sein. Als Verbindung zwischen kosmischer Kraft und der materiellen Welt ist er Ihnen ein weiser Lehrer, der Sie darin unterstützt, sich nicht von äußeren Lehren oder Einflüssen abhängig zu machen, sondern alles und jedes am Maßstab Ihrer inneren Wahrheit zu überprüfen. Der Hierophant ist Ihr innerer Kompass, der Sie auf der Karte Ihrer Wertvorstellungen und tiefsten Überzeugungen geschützt und sicher zum Ziel führt. Seine Weisheit hilft Ihnen, Ihre Intuition bewusst einzusetzen und seine Stimme in der Stille Ihrer inneren Welt wahrzunehmen. Das innere Hören, das Stillwerden in Ihnen, ist die Brücke zu seiner Stimme. So, wie er Sie geduldig als innerer Lehrer lehrt, so werden Sie unter seinem Einfluss über die Art und Weise, wie Sie Ihr Leben gestalten, Lehrer für andere sein. Die Verbindung mit dem geistigen Prinzip des Hierophanten vermittelt tiefe Einsichten auf der Suche nach dem Sinn des Lebens und der tieferen Bedeutung schwieriger Lebenssituationen. Die Schwingung dieser Kraft versetzt Sie in die Lage, Ihren Weg mit dem Feuer der Begeisterung, der Kraft der Liebe und dem Licht der Inspiration zu gehen.

Verbindung mit der Kraft des Hierophanten

Um die Stimme des Hierophanten in sich wahrzunehmen, bietet sich ein Spaziergang in der Ruhe der winterlichen Landschaft an. Machen Sie sich allein auf den Weg und wählen Sie eine Route, auf der Sie ungestört sind. Unternehmen Sie diesen Spaziergang in Form einer Geh-Meditation, bei der Sie ausreichend Zeit zur Verfügung haben und den Alltag hinter sich lassen.

- Während Sie in möglichst gleichmäßigem Tempo gehen, atmen Sie bewusst ruhig durch die Nase ein und langsam durch den Mund wieder aus.

- Genießen Sie die klare Winterluft und die Stille um sich herum. Fühlen Sie, wie Ihr Körper sich im gleichmäßigen Rhythmus Ihrer Schritte entspannt und der Alltag von Ihren Schultern gleitet.

- Lassen Sie alle Gedanken, die Sie bestürmen, mit jedem Ausatmen aus Ihrem Körper herausströmen. Sie werden leicht und ruhig, eins mit dem Rhythmus Ihrer Schritte und Ihrem Atem.

- Wenn Sie sich völlig entspannt fühlen, visualisieren Sie einen Tempel, an dessen Außenseite Stufen empor führen.

- Sie steigen diese Treppe langsam hoch, bis Sie den freien Platz an der Spitze des Tempels erreichen. Sie sind weit über der Welt des Alltags, in völliger Stille.

- Atmen Sie einige Minuten bewusst und völlig entspannt, während Sie die Stille genießen.

- Visualisieren Sie Ihr innerstes Wesen und nehmen Sie seine liebevolle Präsenz wahr. Vielleicht nehmen Sie es als Licht, als Gestalt, als Wolke oder Klang wahr. In welcher Form es sich Ihnen auch zeigt, seine liebevolle Ausstrahlung wird Sie einhüllen.

- In dieser vollkommenen inneren Stille kann der Hierophant mit Ihnen kommunizieren.

Abschluss:

Wenn Sie Ihren Spaziergang beendet haben, halten Sie Ihre Eindrücke in Ihrem Raunachtsbegleitbuch fest. Lesen Sie in den kommenden Wochen immer wieder nach, was Sie in der Stille auf dem Plateau des Tempels vernommen haben, um Ihrem Leben eine klare Ausrichtung zu geben.

27. Dezember | 3. Raunacht

Thema: Zyklen und Wandel

Geistige Reifung bedeutet Anpassung an den zyklischen Lebenspro-
zess, die Fähigkeit, Altes, Verbrauchtes loszulassen, sowie eine Neuorientierung zielgerichtet und fokussiert voranzubringen. Es bedeutet
die Erkenntnis, dass alles in ständigem Wandel ist und dass das Aufbrechen alter Strukturen einen Zuwachs an Kraft und Selbstbestimmung mit sich bringt. Um dem steten Auf und Ab im Leben mit Gelassenheit begegnen zu können, sind Willenskraft, Durchhaltevermögen
und Kreativität in Phasen der Veränderung notwendig. Dann gelingt
es, hinter all der Bitterkeit und Anstrengung die Süße des Neubeginns
als strahlendes Licht auf dem Weg zu entdecken. Neuorientierung und
bewusste Gestaltung des im Werden Begriffenen sind entscheidende
Themen der Raunächte. Für den Prozess des Abwägens ist Flexibilität
notwendig, die sowohl einen klaren Geist als auch tiefe Gefühle in
einen Entscheidungsprozess einbindet. Damit werden Sie den eigenen
Standpunkt mit der Sicherheit des Herzens finden und den Veränderungen in Ihrem Leben mit Selbstvertrauen begegnen.

Räucherritual „Zyklen und Wandel"
Mit der folgenden Übung fördern Sie den Energiefluss in Ihrem
Körper und öffnen sich für das Bewusstsein, dass man den Zyklus von
Werden, Wachsen und Vergehen fortwährend durchläuft.

Für das Ritual benötigen Sie:
- einen Raum, in dem Sie ungestört sind;
- Musik, die Ihren Geist zur Ruhe kommen lässt;

- bequeme Kleidung;
- ein Räucherstövchen mit Sieb und Zündern;
- Holunderholz zum Verräuchern.

Der Holunderspirit begleitet Sie durch dieses Ritual, um Sie mit dem mystischen Wissen um Lebensphasen zu verbinden. Wandlungsprozesse, die Sie durchlaufen, lassen Dinge, die nicht zu Ihnen gehören, abfallen. Im Feuer der Transformation wird Altes und Verbrauchtes verzehrt und geläutert, damit es in Erkenntnis und Bewusstsein umgewandelt werden kann. Die Asche dieses Feuers ist der Nährboden für Ihren weiteren Weg, auf dem Sie neue Einsichten und Blickwinkel gewinnen. Jede Lebensphase, die Sie durchlaufen, hält besondere Aufgaben und Lektionen für Sie bereit. Dieser Spirit nährt das Wissen in Ihrem Herzen, dass Sie immer wieder Raum für Neues schaffen müssen, wenn Sie Zyklen durchlaufen und geistige Reifung stattfindet.

Stellen Sie sich entspannt hin und achten Sie darauf, dass Sie genügend Platz haben, um die Übung auszuführen. Beginnen Sie nun die Arme so zu bewegen, dass Sie eine Lemniskate, eine liegende Acht (∞), das Zeichen der Unendlichkeit, in die Luft zeichnen. Die Lemniskate ist ein Symbol für den ewigen Kreislauf, dem unser Leben unterworfen ist. Bereits nach kurzer Zeit werden Sie bemerken, wie die Energie in Ihrem Körper zu fließen beginnt. Ihre Handflächen werden warm und beginnen zu kribbeln. Die Energie in Ihnen beginnt zu strömen und verleiht Ihnen ein Gefühl von Balance, Zentrierung und Kraft. Genießen Sie es und führen Sie die Übung fort, solange Sie das Bedürfnis dazu spüren.

Anschließend setzen Sie sich noch eine Weile ruhig hin und spüren den Gedanken, die Sie durchfluten, den Bildern, die aus dem tiefen Brunnen Ihres Unbewussten emporsteigen und Ihren Gefühlen nach. In der sanften, fließenden Kraft der Flexibilität liegt große Macht.

Die 3. Raunacht steht symbolisch für den
März

Im März gewinnen die Lichtkräfte zunehmend an Stärke, bis sie zum Zeitpunkt der Frühlingtagundnachtgleiche mit der Dunkelheit in Balance sind. Aus der kahlen, braunen Wintererde brechen die ersten Frühlingsblumen hervor, die mit ihren fröhlichen Farben Freude in unser Herz bringen. Die Bäume bilden vorsichtig zarte Triebe aus und nähren die Hoffnung auf das Ende des Winters. Unsere Ahnen verbrannten aus Weidenzweigen hergestellte „Winterriesen", um die kalte Jahreszeit endgültig zu verabschieden und den Frühling gebührend zu empfangen. Die christlichen Osterfeuer erinnern noch an diesen Brauch. Rundum entlädt sich die geballte Energie der nährenden Erde in Keimen, Sprießen und Wachstum. So wie der Same die Idee der Pflanze in die Realität umsetzt, indem er sich zu entwickeln beginnt, ist es für uns an der Zeit, nach der Winterträgheit aktiv zu werden und Pläne in die Tat umzusetzen.

Meditatives Innehalten
Der jahreszeitliche Zyklus mit seinen Wachstums- und Ruhephasen ist ein Spiegel für das zyklische Geschehen im menschlichen Lebenslauf. Werden, Wachsen und Vergehen sind Gesetzmäßigkeiten der Natur und des Lebens.

    Wie denken Sie darüber?

- 🕮 Was schenkt Ihnen Kraft für einen neuen Zyklus?
- 🕮 Was schenkt Ihnen Vertrauen, dass Sie immer den richtigen Aufgaben gegenüberstehen?

Tarot-Inspirationen

Rad des Schicksals

Ein Sphinx krönt das Rad des Schicksals. Er hat Zeitalter kommen und gehen gesehen, zu seinen Füßen entstanden mächtige Reiche und verwehten im Staub der Wüste. Er ist das Symbol für das Rätsel des Lebens. Vier Wesenheiten wachen in den Ecken der Karte. Sie verkörpern die vier Elemente, aus denen die Formen der Materie gebildet sind. Der Stier steht für die Erde, der Löwe für das Feuer, der Adler versinnbildlicht das Wasser und der Mensch die Luft. Anubis, der schakalköpfige ägyptische Gott, wiegt die Seelen der Toten. Die wellenförmige Bewegung der Schlange deutet auf die Schlangenkraft als treibende Schöpfungsenergie und transformative Kraft hin.

Aspekte des Rades des Schicksals: Lebenszyklen, Veränderung, Neubeginn, sein Schicksal annehmen, ernten, was man gesät hat, seines Glückes Schmied sein, Erweiterung des Bewusstseins, unerwartete Wendungen, Lebensaufgaben meistern, neuer Kreislauf

Rad des Schicksals:
Zyklen und Wandel – das eigene Glück schmieden

Das Rad des Schicksals führt zum Wissen über geistige Gesetzmäßigkeiten. Es öffnet das Bewusstsein für besondere Aufgaben und Lektionen, die Lebensphasen für Sie bereithalten. Das verborgene Wissen um die dahinterliegenden Abläufe enthüllt den Seelenplan, der Ihre Weiterentwicklung bestimmt. Das bewusste, aufmerksame Erleben des Schicksalsrades legt Ihnen den Schlüssel zu Ihrem Glück in die Hand. Alles gründet auf ständiger Veränderung, Bewegung und Umwandlung, sowie zyklischer Verfeinerung der geistigen Muster. Wenn das Rad sich weiterdreht, bedeutet dies eine Veränderung, die auf die Bühne Ihres Lebens tritt. Wer sich gegen einen Wandlungsprozess aus Angst vor dem Unbekannten stemmt, wird jedwede Neugestaltung des Lebens als schmerzhaften Zwang erleben, den das Schicksal aus dem Talon holt. Tatsächlich mag es jedoch eine Chance sein, um zu erkennen, was man als Resultat vorangegangener Zyklen erlebt. Die Jupiterkraft im Rad des Schicksals lässt wachsen, was immer Sie gesät haben. Die Beschäftigung mit diesem Tarot-Schlüssel unterstützt Sie darin, zu erkennen, was Sie zu Ihrer derzeitigen Lebenssituation gebracht hat. Was verhindert, dass Fülle in Ihr Leben einkehrt oder dass Sie sich glücklich fühlen? Das Rad des Schicksals ruft uns in Erinnerung, dass wir ständig Bewusstseinsformen auflösen müssen, damit neue Formen gebaut und wichtige Erfahrungen gewonnen werden können. Die bekannte Volksweisheit „Das Glück ist ein Vogerl", erzählt anschaulich von den immer wiederkehrenden Umdrehungen des Rades. Nichts lässt sich festhalten, jedoch aus allem etwas an Erfahrung für die Entfaltung und Formung unseres Selbst hinter den Masken der Persönlichkeit gewinnen. Mit der scheinbar zufälligen Bewegung des Schicksalsrades greift nicht die launische Glücksgöttin Fortuna in unser Leben ein, vielmehr stellt unser Seelenplan das passende materielle Szenarium für notwendige Anpassungen und Aufgaben bereit. Verstrickt in Momentaufnahmen auf dem langen Pfad der Erinnerung an unser wahres Sein sind wir meist nicht in der Lage, das Gesamtbild zu begreifen. Die magische Formel besteht in der Annahme unseres Schicksals und der unerschütterlichen Gewissheit, dass es ausschlaggebend ist, wie wir auf ein Ereignis reagieren. Betrachten Sie die Zyklen und den Wandel in Ihrem Leben aufmerksam, mit dem Bewusstsein, dass eine neue Sicht der Dinge dem „Glücksrad" Schwung verleiht, sodass es möglich wird, die Fülle und das völlig aktivierte eigene Potenzial zu leben. Mit der Entfaltung Ihrer Talente und Fähigkeiten sind Sie in der Lage, den Herausforderungen gelassen und kraftvoll zu begegnen und werden zum klugen Schmied Ihres eigenen Glücks.

Verbindung mit der Kraft des Rades des Schicksals

Oftmals tritt das Rad des Schicksals in unserem Leben auf den Plan, um uns aus der Erstarrung wieder in den Fluss des Lebens zu begleiten. Gepaart mit der Ankündigung eines Wandels fühlt man sich nicht mehr wohl in seinem Leben und hat das Gefühl, dass sich Grundlegendes ändern muss. Die nachstehende Übung unterstützt Sie darin, eine Brücke zu den Botschaften Ihres Unbewussten herzustellen, um Hinweise für die nächsten Schritte in Ihrem Leben zu erhalten.

- ✍ Ziehen Sie sich an einen ruhigen Ort zurück, an dem Sie die Übung entspannt und ungestört durchführen können. Verräuchern Sie Holunderholz und Mistelkraut auf Ihrem Räucherstövchen, während Sie die Übung durchlaufen. Auch leise Entspannungsmusik im Hintergrund trägt zu einer meditativen Atmosphäre bei.
- ✍ Legen oder setzen Sie sich bequem hin und beginnen Sie sich auf Ihren Atem zu konzentrieren, beobachten Sie, wie sich Ihre Bauchdecke im Rhythmus Ihres Atems hebt und senkt. Stemmen

Sie sich nicht gegen auftauchende Gedanken, sondern lassen Sie die Bilder gelassen vorbeiziehen.

- Wenn Sie sich entspannt fühlen, stellen Sie sich vor, wie Sie sich erheben und aus dem Raum hinausgehen.

- Visualisieren Sie sich nun in einem wunderschönen Park. Die Sonne scheint, mächtige alte Bäume rauschen im sanften Wind und die Wiesen des Parks sind von blühenden Blumen übersät.

- In der Mitte des Parks steht ein Riesenrad, vor dem eine alte, weise Frau auf Sie wartet. Es ist die gütige Göttin Holle, die die Geheimnisse der Lebenszyklen kennt. Alle Fahrkabinen sind leer, denn es ist Ihr persönliches Rad, das alle Kabinen nur für Sie bereithält.

- Die weise alte Frau lächelt Sie aufmunternd an und fordert Sie mit einer Handbewegung dazu auf, in eine Kabine, die Sie auswählen, einzusteigen.

- Sobald sie beide in der Kabine Platz genommen haben, setzt sich das Rad in Bewegung.

- Sie selbst dürfen mit einem Hebel die Geschwindigkeit bestimmen und anhalten, wann immer Sie möchten.

- Schließlich halten Sie das Rad an und blicken aus dem Fenster Ihrer Fahrkabine. Tauchen Sie in die Szene, die sich vor Ihren Augen entfaltet, ein. Studieren Sie aufmerksam, welche Umgebung Ihnen gezeigt wird, welche Details Ihnen auffallen und welche Menschen die Szene beleben. Die weise alte Frau ist Ihre schützende, liebevolle innere Führung, die Ihnen eine Szene aus Ihrem Leben zeigt, die für den nächsten Zyklus Ihrer Lebensgestaltung wichtig ist. Vertrauen Sie darauf, dass Sie immer denjenigen Aufgaben gegenüberstehen, die Ihrer Entwicklung dienen. Schließlich setzen Sie das Rad wieder in Bewegung und kommen sicher und geborgen an Ihrem Einstiegsplatz an. Sie verabschieden sich von der weisen alten Frau und bedanken sich bei ihr.

Abschluss:

Notieren Sie sich auf einem Blatt Papier alle Ihre Erinnerungen, Gedanken und Gefühle, die die Szene, die Sie betrachten durften, in Ihnen hervorgerufen hat.

Welchen Bezug hat die Szene zu Ihrer aktuellen Lebenssituation und zu den nächsten Schritten, die Sie planen?

28. Dezember | 4. Raunacht

Thema: Tag der unschuldigen Kinder | Fruchtbarkeit | Kreativität

In der Heiligen Schrift wird erzählt, dass König Herodes den Befehl gab, alle Kinder bis zum Alter von zwei Jahren zu töten, um damit den neugeborenen König der Juden, von dem ihm die drei Sterndeuter berichtet hatten, zu vernichten. Am 28. Dezember wird auch der alte Brauch „Frisch und g'sund" zelebriert. Mit einer Hasel- oder Birkenrute versetzen die Kinder den Erwach- senen leichte Schläge und sagen dazu artig ihr Sprüchlein auf.

> „Frisch und g'sund, frisch und g'sund,
> das ganze Jahr rund und g'sund.
> Gern geb'n, lang leb'n.
> Das Christkindl am Hochaltar
> wünscht a guats neu's Jahr."

Natürlich erwarten die jungen Segenswünscher auch einen entsprechenden Obolus für diese Anstrengung. Hinter diesem alten Brauch steht ein uraltes Fruchtbarkeitsritual, das „Fitzeln", „Quicken" oder „Faseln". Mit dem Schlag der Rute wurde die Fruchtbarkeit gefördert, und die Lebenskraft durch den bitteren Winter in einen Frühling voller Hoffnung getragen. Der „Grüne Mann" trug eine solche wundertätige Haselrute bei sich und segnete Mensch und Tier mit Lebenskraft und Fruchtbarkeit. Auch sein christ- licher Nachfolger, der heilige Nikolaus, trägt die Haselrute in seinem Gabensack. Auf der geistigen Ebene ist diese Fruchtbarkeit unser kreatives Potenzial, mit dem wir unsere Talente und Fähigkeiten zum

Leben erwecken. Wir sind Teil der göttlichen Schöpferkraft und dazu aufgerufen, unser Schöpfungspotenzial zu leben. Diese Kreativität ist die Einladung des Kosmos, die Welt zu gestalten, die Erfahrung zu machen, dass wir aus allem alles machen können und Schöpfer sind.

Räucherritual „Die Schatztruhe der Kreativität öffnen"

Ein entspannendes Räucherritual mit Goldcopal öffnet die Schatztruhe Ihrer Kreativität. Während Sie den warmen Duft der goldenen Harztropfen genießen, können Sie über folgende Frage meditieren:

   ଜ   Welche Talente und Gaben leben Sie nicht, weil die Stimme der „Vernunft" es Ihnen nicht erlaubt?

Die 4. Raunacht steht symbolisch für den
April

Nun kehren die Zugvögel aus ihren südlichen Winterquartieren zu uns zurück und bringen Lebenslust und Freude mit. „Die grüne Neune", eine „magische" Kraftsuppe aus vitalen, reinigenden Frühlingskräutern bringt den gesamten Organismus in Schwung. Der Brauch dieser lebenskraftspendenden Kräutersuppe geht weit zurück in die keltische und germanische Zeit und wahrscheinlich noch weiter davor. Mit dieser kultischen Speise verband man sich mit der lebensspendenden Energie der Erde. Unsere Gründonnerstag-Kultspeise Spinat war ursprünglich die Gründonnerstagssuppe, die aus einem Verband von neun Frühlingskräutern bestand, wobei die Kräuter von Gegend zu Gegend leicht abgewandelt wurden. Absolute Kraftpflanzen wanderten in den Suppentopf, die nach der harten, kalten Jahreszeit Körper und Seele wieder Lebensenergie einhauchten. 9 ist eine heilige Zahl, die in der keltischen Tradition in Verbindung mit den weiblichen Gottheiten steht.

Unsere Vorfahren wussten um die Kräfte der Frühlingskräuter, die sich allesamt in der Umgebung der Menschen ansiedeln. Der Beifuß, bezeichnenderweise auch „Machtwurz" genannt, hatte den höchsten Stellenwert in so einer Gründonnerstagssuppe. Dann waren da noch die unbändige Vogelmiere, der zähe Wegerich, die Alleskönnerin Brennnessel, das unermüdliche Gänseblümchen, der vitale „König" Löwenzahn, der mit seinen Bitterstoffen alles in Schuss brachte und die heilende Schafgarbe. Wer fehlt uns noch im Bund der Neune? Natürlich das Zipperleinskraut, der Giersch. Seine Kräfte waren nach den feuchten, kalten Monaten mehr als willkommen. Die Zahl 9 symbolisiert in magischen Zusammenhängen immer eine harmonische Vollendung, sozusagen „besser geht's nicht". „Ach du grüne Neune" erinnert uns noch an diesen Frühlingskult am Gründonnerstag, der als Tag heute fix in den christlichen Jahresablauf eingebunden ist. Vielleicht haben Sie im April Lust, etwas Heidnisches in den Speiseplan des christlichen Tages zu bringen und sich damit mit den Neuerungskräften der Natur zu verbinden.

Meditatives Innehalten

An diesem Tag hat man nach altem Glauben die Möglichkeit, alles, was in den bisherigen Raunächten nicht positiv verlaufen ist, wieder ins Lot zu bringen.

- Lassen Sie die bisherigen Raunächte Revue passieren und betrachten Sie die Botschaften, Träume und Begegnungen mit anderen Menschen, durch die Sie Hinweise erhalten haben.
- Nutzen Sie die Möglichkeit alte Lasten zu bereinigen, ein versöhnendes Wort auszusprechen oder Groll und Bitterkeit endgültig zu verabschieden.

Kraft

Eine junge Frau beugt sich liebevoll zu einem Löwen hinab, um den Kraftfluss des Tieres zu lenken. Die Symbolik der Karte verbildlicht im Löwen unsere Urkräfte. Die Girlande, die in Form einer Achterschleife um den Körper der Frau liegt, repräsentiert die Wünsche, Sehnsüchte und Triebe. Die Liegende Acht (∞) über ihrem Kopf wiederum ist ein Attribut des Magiers und seiner zielgerichteten Konzentration.

Aspekte der Kraft: Leidenschaft, Kundalini / Schlangenkraft, Schöpfungskraft, Kraft, Stärke, Beherrschung und Lenken von Trieben und Instinkten, Willenskraft, Tatkraft, Sinnlichkeit, Disziplin, Mut

Kraft: Die schöpferische Kraft bewusst lenken

Die Karte Kraft verbildlicht das Geheimnis des Wirkens der Schlangenkraft. Der kluge Gebrauch dieser Energie wird mit der liebevollen, kontrollierenden Einflussnahme des Geistes zum kreativen Werkzeug des bewussten Schöpfers. Die pulsierende Schlangenkraft oder Kundalini, die als Ausdrucksform der kosmischen Elektrizität zusammengerollt in Ihrem Becken strömt, ist das Geheimnis hinter allen Manifestationen. Sie erfüllt die Bilderwelt Ihrer Seele mit Leben. Als mentale Kraft verleiht sie Ihrem Willen zielgerichtete Konzentration und die nötige Disziplin, um Ihre Realität gemäß Ihrer Bilderwelten zu erschaffen. Der weise Gebrauch dieser Kraft bedingt die Befriedung der stetig strömenden Vorstellungen und Wünsche. Welches der Bilder in mir erfülle ich mit geistiger Energie? Welche Wünsche rufe ich mittels Willenskraft und Disziplin in die reale Welt? Kreativität erhält über alle Sinne Anregungen. Als befruchtender Fluss durch Ihre Imagination ermöglicht diese universelle Kraft die Manifestation Ihrer Vorstellungen. Als Teil der kosmischen Schöpferkraft sind wir dazu aufgerufen, unsere Talente und Fähigkeiten zu wecken und unser grenzenloses Schöpferpotenzial zu leben. Der rote Löwe als Repräsentant der Feuerkraft verspricht uns einen Zufluss an Willensstärke, Mut und Kraft, die es braucht, um unsere Visionen und Sehnsüchte greifbar werden zu lassen. Soll das Werk gelingen, so ist Achtsamkeit vonnöten, denn wir selbst entscheiden letztendlich, welche Vorstellungen und Leidenschaften wir manifestieren. Die Einladung des Kosmos, die Welt zu gestalten, erfordert die Beherrschung von Gefühlen und Geist, denn bereits Goethe erkannte in seinem Zauberlehrling weise:

> „Die ich rief, die Geister,
> werd ich nun nicht los."

Verbindung mit der Kraft der Kraft

Die folgende Übung begleitet Sie durch Phasen der Umgestaltung Ihres Lebens, vor allem, wenn Sie das Gefühl haben, alte ausgetretene Wege verlassen zu wollen, um Ihr Leben mit kreativer Schöpferkraft neu zu gestalten.

- Ziehen Sie sich an einen ruhigen Ort zurück, an dem Sie dieses Ritual ohne Störung und entspannt durchführen können.
- Verglimmen Sie Kalmuswurzel als Unterstützung auf Ihrem Räucherstövchen. Lassen Sie eventuell leise Entspannungsmusik im Hintergrund laufen.

- Setzen oder legen Sie sich bequem hin und beginnen Sie tief und ruhig zu atmen. Fühlen Sie, wie sich Ihre Bauchdecke sanft hebt und senkt. Konzentrieren Sie sich auf Ihren Atem, bis Sie sich vollkommen entspannt fühlen.

- Visualisieren Sie, wie Sie Ihr Leben neu erschaffen und gestalten würden, wenn Sie Ihren tiefsten inneren Bedürfnissen und Wünschen folgen. Das Erkennen und Zulassen der tiefen, eigenen Wünsche, ausgesprochen und geheim, hat große Kraft, wenn die Weichen für das künftige Leben gestellt werden.

- Malen Sie das Bild Ihres Wunsches in Ihrer Vorstellung in allen Details, voller Hingabe und Konzentration.

- Alle Bilder und Eingebungen, die während dieser Übung auftauchen, die nicht Ihrem Ziel entsprechen, lassen Sie ruhig und ohne Wertung vorbeiziehen.

- Je klarer und deutlicher Sie Ihr Bild „erschaffen", je konzentrierter Sie dabei vorgehen, desto mehr Schubkraft wird die Realisierung bekommen.

- Bleiben Sie bei dieser Übung, so lange Sie möchten und die Konzentration aufrecht halten können.

- Der achtsame Umgang mit sich selbst stellt ebenfalls eine Verbindung zur Thematik der Kraft her. Wie gehe ich mit meinem Körper um? Gestalte ich mein Umfeld harmonisch, sodass ich mich darin wohlfühle?

Eine weitere Übung, um kreative Energie zu fördern, stellt die Sensibilisierung der Sinne dar.

Achten Sie z. B. einen Tag lang bewusst auf Ihren Geruchs- und Geschmackssinn. Welche Vielfalt an Gefühlen lösen Düfte aus? Wie viel Freude wird durch Lieblingsspeisen ausgelöst? Der Sehsinn schwelgt in den Eindrücken, die ein Bild, das uns anspricht, vermittelt. Der Tastsinn ist die Brücke zur erotischen Erfüllung. Ihren Gehörsinn können Sie durch verschiedene Geräusche von Glöckchen über Trommeln stimulieren und beobachten, was dabei in Ihnen ausgelöst wird und wie sich Ihre Kreativität über die auftauchende Bilderwelt entfaltet. Der Zugang zu dieser Energie wird auch durch die Auflösung überholter Muster gefördert. Je mehr an Programmen aufgelöst wird, desto mehr freigewordene Energie hat man für die Realisierung seiner Träume und Lebensvisionen zur Verfügung.

Jeder, der eine Fastenwoche durchgestanden hat, weiß, wie energetisiert man sich am Ende der Woche fühlt.

29. Dezember | 5. Raunacht

Thema: Die Fäden des Schicksals weben

In vielen Kulturen ist das Wissen um die Kräfte des Schicksals verankert und in jeweils drei Göttinnen personifiziert. In Griechenland hießen die Weberinnen des Schicksals Moiren, in Rom Parzen. In der germanischen Kultur spinnen, bemessen und zerschneiden die Nornen die Schicksalsfäden. Über den Prozess der Bewusstwerdung und achtsamen Vorgehensweise haben wir in den Raunächten die Möglichkeit, das Webmuster unseres Schicksals zu verändern und neu zu ordnen, bevor geistige Essenz in Materie übergeführt wird. Wenn das Bewusstsein sich für feinstoffliche Ebenen öffnet, können wir die Führung durch das Höhere Selbst, durch unseren Schutzengel und andere wohlmeinende Kräfte annehmen und erkennen. Wir entscheiden letztendlich nicht nur was wir mit unserer Gedankenkraft beleben, sondern auch welchen Weg wir einschlagen.

Die 5. Raunacht steht symbolisch für den

Mai

Im Mai feiert die Natur Hochzeit und rundum herrscht Freude, überschäumende Lebenskraft, Fruchtbarkeit und Lebenslust. Der Blütenzauber des Mai ist der Keim für die Frucht. Mit dieser Energie werden die Muster für das, was wir ernten möchten, gewoben. In den Raunächten haben wir die Möglichkeit, den Keim, für das was wir ernten möchten, bewusst zu wählen und die Matrix unseres Lebens zu beeinflussen. Diese Zeit schenkt uns das Glück, aus allem alles gestalten und weben zu dürfen. Im Dämmerlicht dieser Wintertage dringt die Einladung des Kosmos in unser Bewusstsein, die Welt zu gestalten.

Räucherritual „Die Fäden des Schicksals weben"

Für dieses Ritual benötigt man:

- einen ruhigen Rückzugsort;
- ein Räucherstövchen und Zünder;
- getrocknetes Mistelkraut;
- eine Augenbinde.

Der Mistelspirit begleitet Sie durch dieses Ritual und führt Sie mit seinem krautigen Duft über die Schwelle ins Unbekannte. Noch ist Ihr Blick auf das Vertraute, das hinter Ihnen liegt, gerichtet. Dieser Spirit öffnet Ihr Bewusstsein für den Pfad, der jenseits der Schwelle liegt, für all die Möglichkeiten und Chancen, die dort auf Sie warten. Er ermuntert Sie, neue Fäden in das Muster Ihres Lebens zu weben und dem hell schimmernden Licht Ihrer inneren Führung zu folgen. Er verbindet Sie mit der Kraft der Erde und der Energie des Kosmos, lehrt Sie von beidem aufzunehmen und trotzdem Sie in Ihrer Wesenheit zu sein.

Während Sie mit diesem Spirit im Gefüge Ihrer inneren Welt reisen, können Sie sich folgende Fragen überlegen.

- Wofür verwenden Sie Ihre Lebenskraft?
- Welche Pläne möchten Sie neu strukturieren, bevor Sie sie in die Tat umsetzen?
- Welche Ziele stecken Sie sich?
- Was hindert Sie daran, von der Fremd- zur Selbstbestimmung zu gelangen?

- Wo brauchen Sie Unterstützung, um Ihre Gaben zur Entfaltung zu bringen und unbeirrt Ihren Weg zu gehen?
- Was macht Sie glücklich?
- Wofür lohnt es sich, jeden Tag aufzustehen?

Meditatives Innehalten

- Über das Ziehen einer Karte aus Ihrem Lieblingskartendeck können Sie den unbewussten Strömungen in Ihrer derzeitigen Lebenssituation nachspüren. Erlauben Sie sich, Ihrer Intuition zu vertrauen. Achten Sie heute besonders auf Zeichen und „Zufälle", die Ihnen Hinweise für das Webmuster Ihres Lebens geben.

Mäßigkeit

Die Karte Mäßigkeit zeigt den Erzengel Michael, der als Engel des Feuers und der Sonne gilt. Der Pfad der Entwicklung mündet zwischen zwei Gipfeln, die den polaren Kräften männlich zeugender sowie weiblich empfangender Energie zugeordnet sind. Über allem strahlt das Licht der göttlichen Einheit. Gelbe Iris blühen am Rande des Flusses. Sie stehen unter der Schirmherrschaft der antiken Göttin Iris, die als Botin zwischen den Welten und Seelenführerin galt. Als Überbringerin von Botschaften und Nachrichten weist sie darauf hin, achtsam und aufmerksam durchs Leben zu gehen. Ein Fuß des Engels taucht ins Wasser, der andere steht an Land. Materie / Bewusstsein (Land) und Unbewusstes (Wasser) werden hier verbunden. Der alchimistische Prozess des Umgießens oder Neuordnens von Bewusstseinsinhalten findet über die Symbolik der zwei Krüge statt. Das Gleichgewicht zwischen innerer Erkenntnis oder Wahrheit und gelebter Realität wird hier geschaffen.

Aspekte der Mäßigkeit: Ausgleich, Gleichgewicht, Alchemie, praktische Anwendung von Erkenntnissen, Polaritäten verschmelzen, Gleichgewicht von Körper, Geist und Gefühl, die Verbindung zum Schutzengel, innere und äußere Harmonie

Die Mäßigkeit: Die Fäden des Schicksals harmonisch verweben

Das geistige Prinzip der Mäßigkeit ist die Weisheit des Ausgleichs. Ein Leben im Einklang mit der inneren Wahrheit bedingt entsprechend konkretes Denken, Fühlen und Handeln. Am Webstuhl Ihrer persönlichen Welt erschaffen Sie auf dem Pfad der Bewusstwerdung durch die praktische Umsetzung von Erkenntnissen neue Realitäten. Alle Gelehrsamkeit und Weisheit lässt sich nur wirklich begreifen, wenn sie über das tägliche Leben erfahren wird. Die Mäßigkeit im Sinne von „das rechte Maß finden" leitet Sie an, die verschiedenen Kräfte in sich selbst, Träume und Materie, Bewusstes und Unbewusstes, im rechten Maß zu verweben. Über das Erkennen und Würdigen von Polaritäten können gegensätzliche Kräfte ins Lot gebracht und der Weg der goldenen Mitte beschritten werden. Dieser Schlüssel ist die ständige Prüfung dessen, wie wir das, was wir gemäß unserer Ideale und inneren Werte sein möchten, im täglichen Leben umsetzen. Wenn wir Liebe, Mitgefühl sowie den achtsamen Umgang miteinander auch als Ideal erkannt haben, so mag uns eine demgemäße Lebensweise trotzdem in Situationen des täglichen Lebens überfordern. Die Mäßigkeit leitet Sie an, mit sich selbst Geduld zu haben und es sich zu verzeihen, wenn die inneren Werte durch hartnäckige Muster und Gewohnheiten noch nicht gelebt werden können. Auch kleine Ziele, die Sie Schritt für Schritt mit der inneren Wahrheit in Gleichklang bringen, sind großartig! Immer wieder prüft das Höhere Selbst, wie gut es Ihnen gelingt, seiner liebevollen Führung zu folgen. Die Mäßigkeit unterstützt uns auch darin, den eigenen Entwicklungspunkt in Demut und Frieden mit sich selbst anzunehmen. Der Erzengel Michael begleitet uns beim alchemistischen Prozess der Neuzusammensetzung und Mischung unserer Bewusstseinsinhalte. Wenn wir in den Raunächten die Fäden unseres Schicksals zu einem leuchtenden, harmonischen Gespinst verweben, gilt es auch, in die Schattenwelt der Seele hinabzusteigen. Talente und Fähigkeiten, Programme und Einsichten wollen als Schatz an kostbaren Möglichkeiten für die Gestaltung des Lebens-Webmusters gehoben werden. All das, was wir an uns ablehnen, nicht wahrnehmen möchten oder noch nicht entdeckt haben, hilft uns über ihre Integration, Klarheit für unseren Lebensweg zu erlangen.

Verbindung mit der Kraft der Mäßigkeit

Da die Kraft der Mäßigkeit die Augen für den Konflikt zwischen der inneren Wahrheit und dem äußeren Tun öffnet, wird sie durch den bewussten Ausgleich von Ungleichgewichten oder Disharmonien gelebt.

- Wo gilt es Versöhnung herzustellen, fragile Harmonie zu festigen oder Ausgleich für erlittenes Unrecht zu schaffen?
- Schaffen Sie zur Hektik der Vorweihnachtszeit bewusst durch einen Tag der Entspannung und Erholung einen Ausgleich.
- Aktivieren Sie Ihren inneren, neutralen Beobachter, der nicht wertet und verurteilt, wenn Sie nicht entsprechend Ihrer inneren Ideale reagieren, der Sie dieses Ungleichgewicht jedoch wahrnehmen lässt.
- Vor allem jedoch räumen Sie Ihren Träumen den gebührenden Platz ein, wenn Sie die Fäden des Schicksals zu einer glücklichen Zukunft verweben. Die Mäßigkeit ermuntert uns, der inneren Stimme Respekt zu zollen, wenn wir nur nach rationalen Erklärungen und Beweggründen suchen.

30. Dezember | 6. Raunacht

Thema: Versöhnung

Wenn Sie auf das abgelaufene Jahr zurückblicken, lösen sich aus dem Echo vergangener Monate alte Schatten und Bürden, die angesehen, losgelassen und geheilt werden wollen, damit Sie Ihren Weg frei und glücklich weitergehen können. Heute können Sie Krisen und Herausforderungen dieser Zeit vor Ihrem inneren Auge vorbeiziehen lassen, die Erfahrungen, die Sie daraus bezogen haben, dankbar würdigen und was nicht mehr im Einklang mit Ihnen ist, versöhnlich verabschieden. An diesem Tag haben Sie Gelegenheit, dem Geist des alten Jahres zu begegnen, sich seiner weisen Führung anzuvertrauen und ungelöste Aufgaben, die ein Baustein Ihrer spirituellen Entwicklung sind, zu erkennen. Sie können alte Verletzungen, die als schwelende Prozesse weitergären oder Niederlagen, die Frustration und Enttäuschung hinterlassen haben, als Teil Ihrer Lernerfahrungen im Sinne der Lebensentfaltung annehmen und verabschieden.

Räucherritual „Den Geist des alten Jahres einladen"

An der Schwelle zwischen den Jahren schenkt Ihnen der Geist des alten Jahres das Licht der Selbsterkenntnis. Im folgenden Ritual können Sie ihn zu sich rufen, damit Ihnen seine Weisheit zum Führer in Ihr Unbewusstes wird.

Für dieses Ritual benötigen Sie:

- ᘓ einen ruhigen Platz, an dem Sie ungestört sind und sich entspannen können;
- ᘓ eine Augenbinde, um sich von der Außenwelt abzugrenzen und

Ihre Sinne für die Wahrnehmung Ihrer inneren Welt zu öffnen;

ଚ୦ ein Räuchergefäß mit Sieb und Zündern;

ଚ୦ getrocknete Weidenrinde.

Wenn die Weidenrinde auf dem Stövchen zu verglimmen beginnt, setzen Sie die Augenbinde auf und beginnen tief und ruhig zu atmen. Konzentrieren Sie sich auf den Rhythmus Ihrer Atmung und den feinen, besänftigenden Duft der Weidenrinde.

Der Spirit der Weide lädt Sie zum Verweilen und Träumen an der Schwelle der Jahre ein. Weich und sanft wird der Fluss der Gedanken und die Unrast des Herzens treibt lautlos über die Schwelle der Realitäten. Wenn Sie losgelöst von Unrast sind, können Sie die feine innere Stimme hören, die Ihnen das Wissen Ihrer Seele zuflüstert. Sie dürfen die Schwelle zu anderen Ebenen der Wirklichkeit überschreiten und das Land des Verborgenen betreten.

ଚ୦ Visualisieren Sie, wie Sie Ihr Haus verlassen und eine wunderschöne Landschaft durchwandern. Ein klarer Fluss, dessen Ufer mit Weiden bewachsen ist, bahnt sich seinen Weg durch die Vegetation. Sie wandern an seinem Ufer entlang und lauschen den gemurmelten Liebkosungen in der sanften Bewegung des Wassers.

ଚ୦ Sie bitten den Geist des alten Jahres zu sich. Er wird gerne kommen und Ihnen ein Symbol überreichen, in dem Sie die Aufgaben erkennen, die in der Zeitspanne seiner Regentschaft ungelöst blieben, die jedoch für eine spirituelle Entwicklung maßgeblich sind. Er erinnert Sie daran, dass Sie das Leben auf der Erde gewählt haben, um bestimmte Aufgaben zu erfüllen.

- ℭℭ Bitten Sie Ihre innere Führung, Ihnen Ihren Seelenplan zu enthüllen und Sie mit Visionen zu verbinden, die für Ihre nächsten Schritte wichtig sind. Unter der Obhut dieses gütigen Geistes wird es Ihnen möglich sein, Versöhnung und Ausgleich für die Erfahrungen des abgelaufenen Jahres zu schaffen.

- ℭℭ Betrachten Sie das Symbol, das der Geist des alten Jahres in Ihre Hände gelegt hat.

- ℭℭ Wissen Sie, was es bedeutet? Wenn nicht, können Sie dem Spirit noch Fragen stellen. Nun bedanken Sie sich bei ihm und verabschieden sich.

- ℭℭ Visualisieren Sie, wie Sie den Weg, den Sie gekommen sind, zurückwandern und schließlich wieder in dem Raum, in den Sie sich zurückgezogen haben, sitzen.

- ℭℭ Bleiben Sie noch eine Weile sitzen, atmen Sie ruhig ein und aus und denken Sie über das Symbol, das Sie erhalten haben, nach.

Die 6. Raunacht steht symbolisch für den
Juni

Mit der Sommersonnenwende hat die Lichtkraft ihren Höhepunkt erreicht. Die Erde vollzieht einen energetischen Umschwung, der in den nächsten Monaten zunehmende Dunkelheit bringt. In diesen lichtdurchfluteten Tagen ist der Schleier zwischen den Realitäten hauchzart, vergleichbar mit den Raunächten. Die Kraft der Erde fließt in Wachstums- und Reifeprozesse, die in jährlicher Wiederkehr unser Überleben sichern. In dieser Fülle, dem Wachstum und den nährenden Energien der Natur begegnet uns der mütterliche Aspekt der Erde.

Meditatives Innehalten

ᑐ Betrachten Sie Ihre Beziehungen, Freundschaften oder Ihre Partnerschaft. Wo gibt es Unstimmigkeiten oder wird Ebenbürtigkeit nicht gelebt / akzeptiert?

ᑐ Wo gibt es Versöhnung herzustellen, fragile Harmonie zu festigen oder Frieden zu wahren?

ᑐ Wo gibt es Programme und Muster in Ihrem Leben zu überprüfen und ihre Wurzeln in der Vergangenheit zu enthüllen?

Gerechtigkeit

Der Schlüssel XI in der Reihe der Trumpfkarten des Tarot zeigt eine weibliche Gestalt, welche die Prinzipien von Justitia, der römischen Göttin der Gerechtigkeit oder von Maat, der ägyptischen Herrscherin der Unterwelt und Bewahrerin von Recht und Ordnung symbolisiert. Das Gewicht ihres Blickes scheint auf dem Betrachter zu ruhen und tief ins Herz zu sinken. In der rechten Hand trägt sie das Schwert der Unterscheidungsfähigkeit, das dazu befähigt, gemäß der eigenen Grundsätze und des korrekten inneren Standpunktes zu handeln. In der linken Hand hält sie die Waage des Ausgleichs oder des ausgewogenen Handelns. Vor ihrem Thron werden wir den positiven und negativen Folgen früherer Handlungen gegenübergestellt.

Aspekte der Gerechtigkeit: Fairness, rechtes Handeln, Gericht, Ursache und Wirkung, Gleichgewicht, Urteilslosigkeit, die Konsequenzen für das eigene Handeln übernehmen

Gerechtigkeit: Versöhnung mit dem Schicksal

Mit dem geistigen Prinzip der Gerechtigkeit bricht im Inneren die Erkenntnis auf, dass die Gegenwart untrüglich auf der Vergangenheit und den Auswirkungen unserer Entscheidungen gründet. Die heilende Kraft der Versöhnung ist die Liebe und das Verständnis für die Konsequenzen Ihrer Handlungen. Die Weisheit der Gerechtigkeit führt Sie zu uralten Themen und Verletzungen zurück, die ans Licht drängen, um geklärt zu werden, damit eine heilsame Lösung von Lasten und Blockaden stattfinden kann. Lange schwelende Konflikte, die Sie belastet und tiefe Wunden geschlagen haben, können unter dem Einfluss dieser Energie nun versöhnlich gelöst werden, sodass es keine Verlierer und keinen verzehrenden Groll mehr gibt. Um einen sicheren Raum des Friedens und der Versöhnung zu schaffen, ist es unabdingbar, zu erforschen, welche Handlungen man gesetzt hat, deren Auswirkungen sich nun zeigen. Die Gerechtigkeit fordert Objektivität, Ehrlichkeit und Kompromissbereitschaft gegenüber anderen sowie die Ebenbürtigkeit von Partnern. Darüber hinaus erlaubt sie kein Abgeben der Verantwortung an eine höhere Macht, das Universum oder den Nachbarn. Vielmehr fordert die ernste Göttin uns auf, für jede Vorgehensweise die Verantwortung für das eigene Handeln zu übernehmen, sein Leben in die Hand zu nehmen und gewissenhaft abzuwägen, welche Schritte man setzt. Wohlüberlegt gilt es, den eigenen Vorurteilen Zügel anzulegen und zu ergründen, wovon Ihre Handlungen beherrscht werden. Wenn wir uns des Gesetzes von Ursache und Wirkung nicht bewusst werden, ist die Verstrickung in verschleierte Muster und ihre Wiederholung unvermeidlich. Immer wieder ruft uns das Gesetz der Gerechtigkeit zu verantwortungsvollem Handeln auf. Alle Ihre Gedanken, Gefühle und Handlungen bergen den Keim Ihrer Zukunft. Die Begegnung mit dem Schicksal konfrontiert uns mit der Erkenntnis: „Uns geschieht immer Recht". Nicht immer stellen wir uns den Auswirkungen unseres Handelns gerne. Erst wenn wir Verantwortung für die Fäden, die wir spinnen und für die Saat, die wir säen, übernehmen, können wir reifen.

> „Du bist wie deine tiefen, drängenden Wünsche.
> Wie deine Wünsche, so ist dein Wille.
> Wie dein Wille, so ist deine Tat, und wie deine Tat,
> so ist dein Schicksal."
> *Brihadaranyaka Upanischade IV.4.5.*

Verbindung mit der Kraft der Gerechtigkeit

Wenn man vor Entscheidungen steht oder mit den unangenehmen Konsequenzen seiner Handlungen konfrontiert wird, ist es gut, einen Schritt zurückzutreten, um die Situation mit dem nötigen Abstand, Sachlichkeit und einem kühlen Kopf zu betrachten (nicht zu vergessen, mit einem heilsamen Quäntchen Humor). So kühlen überhitzte Emotionen ab und es wird möglich, die momentane Lage ruhig einzuschätzen und Gegensätzliches mit Kompromissbereitschaft zu mildern.

- Um Ausgleich und harmonisches Handeln zu unterstützen, können Sie im Fall einer anstehenden Entscheidung eine Liste mit Pro- und Contra-Argumenten erstellen, die alle Aspekte einer Angelegenheit beleuchtet.
- Die Yoga-Übung „Der Baum" unterstützt das körperliche, emotionale und geistige Gleichgewicht. Sie können diese Übung einfach zu Hause durchführen.
- Ziehen Sie sich dazu in einen Raum zurück, in dem Sie ungestört sind und lassen Sie sich dabei von Entspannungsmusik begleiten. Stellen Sie sich aufrecht und gerade hin. Die Beine sind leicht geöffnet, die Arme hängen entspannt an den Seiten

herab. Nun heben Sie ein Bein empor, bis der Fuß auf Kniehöhe ist und versuchen, entspannt das Gleichgewicht zu halten. Nach einigen Atemzügen stellen Sie das Bein ab und wiederholen die Übung mit dem anderen Bein. Führen Sie den Beinwechsel ohne Krampf und Anspannung einige Male durch. Wenn Sie Ihr Gleichgewicht und einen sicheren Stand gefunden haben, verfeinern Sie die Übung. Ziehen Sie ein Bein bis zur Hälfte des Oberschenkels empor und stellen Sie die Fußsohle auf der Innenseite des Oberschenkels des Standbeines ab. Ihr angehobenes Bein bildet nun sozusagen ein Dreieck zu Ihrem Standbein. Führen Sie die Übung nun mit Ihrem anderen Bein als angewinkeltes Dreieck durch und wiederholen Sie den Vorgang einige Male mit wechselndem Standbein und angehobenem Bein. Wenn die Übung ohne Anstrengung gelingt, verfeinern Sie sie. Führen Sie abermals ein Bein empor und bilden mit dem angehobenen Bein ein Dreieck, indem Sie die Fußsohle auf die Innenseite des Oberschenkels des Standbeines legen. Heben Sie nun die Arme empor und legen Sie die Fingerspitzen Ihrer Hände locker aneinander. Halten Sie die Position entspannt so lange es Ihnen angenehm ist und wechseln Sie anschließend das Standbein.

31. Dezember | Silvester | 7. Raunacht

Thema: Das Jahr klingt aus

Der letzte Tag des Jahres verdankt seinen Namen Papst Silvester, der am 31. Dezember 335 starb. Die endgültige Festlegung des Jahresbeginnes mit 1. Jänner nahm Papst Innozenz XII im Jahr 1691 vor. Damit war die Erinnerung an das keltische Jahr und den alten römischen Jahresbeginn am 1. März vergessen. Bezeichnenderweise ist ein gefesselter Drache als Symbol für den Sieg des Christentums über die alten Religionen das Attribut des heiligen Silvester. An diesem Schwellentag zwischen den Jahren mischt sich Brauchtum aus vorchristlicher Zeit mit neueren Gepflogenheiten.

Räucherritual „Reinigung und Schutz"

Einer der ältesten Silvesterbräuche ist das Ausräuchern von Haus und Stall um Mensch und Tier vor den unheiligen Aktivitäten der Wilden Jagd zu schützen. Mit einer reinigenden und schützenden Mischung aus Wacholder, Beifuß, Königskerze und Weihrauch auf der glühenden Kohle geht man seit alters her durch die Räume und verteilt den duftenden Rauch. Auch Mistel und Immergrün passen gut in diesen Kräuterreigen.

Orakeln

Silvester ist ein Lostag, an dem mit verschiedenen Orakeltechniken das künftige Schicksal enthüllt werden kann. Das „Losen" (*Lüsseln*) hat sich besonders beim Bleigießen erhalten.
Blei ist das Metall des Planetenkönigs Saturn, dessen Einfluss die

Das „Losen" (Lüsseln) hat sich besonders beim Bleigießen erhalten.

gesamte Raunachtszeit prägt. Für den Blick in die Zukunft wird Blei in einem Löffel über einer Kerzenflamme geschmolzen und anschließend in kaltes Wasser gegossen. Die Figuren und Formen, die sich bilden, geben Anhaltspunkte für kommende Ereignisse, wobei der Fantasie in der Deutung keine Grenzen gesetzt sind. Für manche Formen gibt es traditionelle Orakelbedeutungen.

Glocke: verheißt eine frohe Botschaft
Ring: eine Hochzeit steht bevor – ist der Ring zerbrochen, so wird das als Trennung gedeutet.
Herz: man verliebt sich
Stern: bedeutet Glück
Schiff: eine Reise kündigt sich an
Ball: das Glück rollt in das Leben des Deuters
Schlüssel: kann sowohl als ein eigenes Haus als auch Gefängnis ausgelegt werden
Münze: verheißt Wohlstand

Ein anderer Orakelbrauch ist das

Glücksgreifen

Hierbei werden aus Brotteig gebackene Symbole unter Bechern versteckt. Nach mehrmaligem Verschieben der Becher darf von den Zukunftsdeutern jeweils ein Becher aufgedeckt und das darunterliegende Symbol gedeutet werden. Verheißt das Orakel nichts Gutes, so kann man seinem Schicksal mit einer Drehung um die eigene Achse noch eine glückliche Wendung geben.

Silvesterspeisen

Mit dem Verzehr bestimmter kultischer Speisen versucht man, in dieser Nacht die Weichen für ein positives Schicksal zu stellen. Eine traditionelle Silvesterspeise ist der Schweinsrüssel oder die Klachlsuppe, mit der die glücksbringende Kraft des Schweines übertragen wird. Weitere Erklärungen zum Symbol des Schweines finden Sie beim Glücksbringer Marzipanschwein (1. Jänner / Neujahrstag). Wer Reichtum und Wohlstand erlangen möchte ist gut beraten, Linsen- oder Erbsensuppe in dieser besonderen Nacht zu essen. Ein Fisch auf dem Speiseplan unterstützt das Vorwärtskommen. Auf den Verzehr von Geflügel sollte man jedoch unbedingt verzichten, damit das Glück nicht davonfliegt.

Silvesterfeuerwerk

Weit in die vorchristliche Zeit zurück wurden Dämonen und Geister mit Lärm vertrieben. Zusätzlich ließ man brennende Holzräder ins

Tal rollen um den Geistern gehörig Angst zu machen. Die Peitschen und Rasseln unserer nicht christlichen Ahnen wurden nach der Christianisierung durch Kirchenglocken ersetzt. Mit dem Gebrauch von Schwarzpulver erweiterte sich das Arsenal auf Böller und Schusswaffen, um den Dämonen Angst und Schrecken einzujagen. Im 14. Jahrhundert eroberte die Feuerwerkskunst von Italien ausgehend den europäischen Kontinent. Georg Friedrich Händels „Feuerwerksmusik" bezeugt die höfische Pracht der Feuerwerkskultur. Heute sind es vor allem Raketen und Schweizerkracher, die der Silvesternacht ein lärmendes, frohes und festliches Gepräge geben.

Glockengeläut

Wenn um 0:00 Uhr das neue Jahr mit Glockengeläut begrüßt wird, so ist es vor allem der Klang der Pummerin, der jedem vertraut ist. Die zweitgrößte, in einem Kirchturm freischwingende Glocke der Welt verkündet über Radio und Fernsehen die Botschaft vom Beginn des neuen Jahres. Sie ist über die Grenzen ihrer österreichischen Heimat hinaus ein Symbol für die Silvesternacht. Dasselbe gilt für den Donauwalzer, den man um Mitternacht mittlerweile auf Straßen und Plätzen tanzt. Man wünscht sich „Prosit Neujahr" und stößt mit einem Glas Sekt an. Das lateinische Wort *Prost* bedeutet *es möge gelingen* und drückt den Wunsch nach einem erfolgreichen neuen Jahr aus. Die kreativen bunten Neujahrs-Postkarten sind SMS-Wünschen gewichen. Das vielfältige und regional verschiedene Silvesterbrauchtum sowie die Vermengung von uralten mystischen Riten mit modernen Gepflogenheiten haben den Wunsch nach einem glücklichen, erfolgreichen neuen Jahreszyklus gemeinsam. Aberglaube, Hoffnung und Zuversicht mischen sich zu einem lebensfrohen Cocktail mit dem rund um den Erdball das neue Jahr begrüßt wird.

Die 7. Raunacht steht symbolisch für den
Juli

Für viele Menschen ist dieser Monat mit Urlaub und Reiseplänen verbunden. Der Vollmond im Juli wird „Der leuchtende Mond" genannt. Er unterstützt die Kraftentfaltung der Heilkräuter, die bald geerntet werden sollen. Aus der heilkräftigen Schatzkiste dieser Kräuter erfahren wir körperliche und seelische Unterstützung. Eines dieser segenspendenden Kräuter ist die Kamille. Seit Tausenden von Jahren stärkt sie die Menschen mit ihrer Heilkraft. Venuskräfte verleihen ihr eine sanfte Ausstrahlung und ein lichtes freundliches Wesen. Die Lichtpflanze war dem germanischen Gott Baldur geweiht. Nach der traditionellen Schutz- und Reinigungsräucherung, kann man damit die Räume segnen. Das sanfte Verglimmen von Rose, Kamille und Angelika auf dem Metallsieb entfaltet in einer Segensräucherung eine lichtvolle und aufbauende Kraft, die ein heilsames Geschenk aus der grünen Welt ist.

Tarot-Inspirationen

Die Welt

Die WELT

Die Tarotkarte Die Welt zeigt eine tanzende Gestalt, die von einer grünen Girlande umgeben ist, deren elliptische Form der 0 entspricht. Die 0 deutet nicht nur auf die Karte des Narren hin, sondern ist auch ein Symbol für das Überbewusstsein. Die Welt ist dem Einfluss Saturns zugeordnet, der formgebend wirkt. Die vier Wesenheiten in den Ecken verkörpern die vier Elemente, aus denen die Formen der Materie gebildet sind. Der Stier steht für die Erde, der Löwe für das Feuer, der Adler versinnbildlicht das Wasser und der Mensch die Luft.

Aspekte der Welt: Vollendung und Erfolg, Vollendung eines Weges oder eines persönlichen Zyklus, Resultat, Erdung, Zentrum, von dem das neue Sein ausgeht

Die Welt: Das Jahr klingt aus

Der Abschluss des Jahres ist ein guter Zeitpunkt, um die Essenz der Gegebenheiten des ganzen Jahres zu betrachten. Nun gilt es, Kostbarkeiten einzusammeln, Erfahrungen zu beleuchten und sich der Essenz dieser Erfahrungen, die in das neue Jahr mitgenommen wird, bewusst zu werden. Die saturnische Einflussnahme in der Kraft der Welt bedeutet Manifestationskraft und Strukturierung. Was haben Sie im abgelaufenen Jahr manifestiert? Was ist das greifbare Resultat Ihrer Visionen und Wünsche, mit denen Sie in dieses Jahr hineingegangen sind? Ein Rückblick zeigt Ihnen den kostbaren Schatz an Lernerfahrungen ebenso wie jene Situationen, die Sie aus heutiger Sicht anders handhaben würden. Wenn das Jahr ausklingt, dürfen wir ein Kapitel unseres Lebens schließen, um ein neues aufzuschlagen. In der Vollendung liegt bereits der Keim für das Neue. Das geistige Prinzip der Welt unterstützt Sie in der Konzentration auf das innerste Zentrum, von dem das neue Sein ausgeht. Die Leichtigkeit der Tänzerin, mit der sie den Tanz des Lebens bewusst tanzt, ist nur mit sehr viel Disziplin und Verantwortung für die Gestaltung unseres Lebens möglich.

Verbindung mit der Kraft der Welt

Nützen Sie den letzten Tag des Jahres, um die vergangenen Monate Revue passieren zu lassen und die Essenz Ihrer Erfahrungen herauszufiltern. Ziehen Sie sich mit Ihrem Raunachtsbegleitbuch an einen ruhigen Platz zurück. Lassen Sie sich vom Duft verglimmender Zedernspitzen begleiten, die Ihnen die Konzentration auf das innerste Zentrum erleichtern. Auch leise Entspannungsmusik im Hintergrund trägt zu einer meditativen Atmosphäre bei.

- Notieren Sie vorerst folgende Fragen in Ihrem Raunachtsbegleitbuch und lassen Sie für die nachfolgende Beantwortung ausreichend Platz zwischen den Fragen.
- Was war im vergangenen Jahr für mich am prägnantesten?
- Wo stehe ich heute im Vergleich zum vorigen Jahr?
- Bin ich näher an meinem Ziel bzw. an der Verwirklichung meiner Lebensvision?
- Was hat sich im vergangenen Jahr für mich verändert?
- Was war mir wirklich wichtig?
- Was würde ich anders machen?

Gehen Sie gedanklich Monat für Monat im abgelaufenen Jahr zurück und betrachten sowie reflektieren Sie die Ereignisse des jeweiligen Monats. Die Ergebnisse Ihrer Betrachtungen unterstützen Sie dabei, den Fokus auf das, was Sie im neuen Jahr verwirklichen möchten, zu vertiefen.

1. Jänner | Neujahrstag | 8. Raunacht

Thema: Das neue Jahr beginnt

Der 1. Jänner, als Beginn des neuen Jahres, wurde 1691 von Papst Innozenz festgelegt. Der Glockenschlag um Mitternacht beendet das alte Jahr. Nach dem Verhallen des 12. Schlages vollführt das neue Jahr den ersten, erwartungsvollen Schritt in den Zauber des Neubeginns. Was ist jedoch mit der Zeit zwischen dem ersten und dem 12. Glockenschlag? Diese magische Zeitspanne ist ebenso eine Zeit zwischen den Zeiten, wie es die Raunächte sind. Der Atem der Zeit scheint stillzustehen, während die Schläge verrinnen, bis allerorten der Jubel zum Empfang des jungen Jahres losbricht. Mit Böllerkrachen werden die umherirrenden Dämonen der Raunachtszeit vertrieben, mit Feuerzauber die Hoffnungen des neuen Jahres begrüßt. Man wünscht sich Glück für das neue Jahr und bekräftigt die Wünsche mit dem Austausch von Glückssymbolen. Die symbolträchtigen Wurzeln der Glücksbringer reichen weit zurück.

Der Fliegenpilz

Der Fliegenpilz ist ein uraltes schamanisches Glückssymbol. Er wächst gerne in Gesellschaft der Birke, die als Schamanenbaum die

verschiedenen Seinsebenen verband. Er soll aus dem Speichel des Schimmels Sleipnir entstanden sein, der den schamanischen Gott Wotan durch die Raunächte trägt. Der Fliegenpilz ermöglichte das Reisen in andere Realitäten. Er führte in die Totenwelt und auf den Pfad ins Reich der Naturwesen. Der Pilz brachte das Glück der Bewusstseinsöffnung und der Wahrnehmung anderer Seinsebenen. Der Reisende wurde mit Erkenntnissen beschenkt und trug den Reichtum neuer Erfahrungen nach Hause.

Der Rauchfangkehrer

Der glückbringende Rauchfangkehrer hat seine Wurzeln in den Tiefen der vorchristlichen Zeit. In den geweihten Nächten war es wichtig, den guten Geistern über den Eingang des Schornsteins Zutritt zum Haus zu gewähren. Um ihnen den Weg zu ebnen und die bösen, im Ruß festsitzenden Wesenheiten zu bannen, wurde der Rauchfang mittels Stechpalmenzweigen blitzblank geputzt. Noch heute nimmt der gute Geist des Weihnachtsmannes den Weg über den Geistereingang ins Haus, um seine Gaben zu bringen. Im Mittelalter lag das Glück der Hausbewohner ebenfalls in den Händen des Rauchfangkehrers. Verrußte Kamine führten häufig zu Bränden, die die aus Holz erbauten Häuser ganzer Dörfer und Städte binnen kurzer Zeit mühelos zerstörten.

Das Marzipanschwein

Das Marzipanschwein ist der süße Nachfolger des Julebers, des Symbols des germanischen Gottes Freyr. Die goldenen Borsten des Ebers durchdringen die Dunkelheit der Weihenächte, wenn er das stillstehende Jahresrad kraftvoll anschiebt, damit ein neuer Zyklus beginnen kann. Das Schwein war das

Lieblingstier unserer Ahnen. Das dürfte spätestens seit Obelix und seiner Vorliebe für Wildschweinbraten jedem bekannt sein. Die große Erdgöttin selbst soll sich immer wieder in Gestalt einer Sau gezeigt haben. Schweine waren Symbole für Fruchtbarkeit und die nährende Güte der mütterlichen Gottheit. Derjenige, der „viel Schwein" wünscht, meint damit Glück, Lebensfreude und Wohlstand.

Der vierblättrige Klee

Der heilige St. Patrick erwählte den dreiblättrigen Klee zu Zeiten des frühen Christentums zum Nationalsymbol Irlands. Damit übernahm der irische Missionar die Wertschätzung der keltischen Druiden für die kleine Pflanze in den neuen Glauben. Die heilige Zahl 3 prägte dieses Pflanzenwesen, welches ein mächtiger Verbündeter gegen dunkle Kräfte war. Wie viel mehr Schutz musste doch das selten vorkommende vierblättrige Kleeblatt bieten. Das rare Exemplar ist nicht nur ein Bollwerk gegen Zauber jeglicher Art, sondern verleiht zudem noch Hellsichtigkeit. Allerdings muss es gefunden ohne gesucht zu werden und ein Geschenk sein.

Der Glücksgroschen / Glückscent

Die kleine kupferne Münze verspricht Großes. Sicher in der Geldbörse verwahrt, soll sie dafür sorgen, dass man das ganze Jahr über keine finanziellen Sorgen hat. Da Kupfer der Venus zugeordnet ist, fördert der Glücksgroschen darüber hinaus die Liebesfähigkeit und schützt vor bösem Zauber.

Der Marienkäfer

Seit dem Mittelalter ist der Glückskäfer mit dem roten Gewand und den deutlich sichtbaren sieben Punkten der Gottesmutter Maria geweiht. Er gilt als Himmelsbote, der über die Zahl 7 auf besondere Weise mit dem Kosmos und der Energie der sieben Planeten verbunden war, die nach Meinung der alten Sternenkundigen alles Leben mit ihren Kräften durchdringen und prägen. Die Zahl 7 gilt als Glückszahl, mit deren Hilfe man Unglück abwenden kann. Fügt man dem Marienkäfer ein Leid zu oder tötet ihn womöglich, so bringt das Unglück.

Das Hufeisen

Unsere keltischen Ahnen verehrten das Pferd als Überbringer der göttlichen Weisheit. Auch in vielen anderen Kulturen hatten die edlen Tiere einen hohen Stellenwert, wenn nicht gar kultischen Status. Sie waren ein Symbol für Kraft, Weissagung und Magie. Die Kriegsführung erhielt durch den Einsatz von Pferden neue Möglichkeiten. Mit Hufeisen wurden die wertvollen Tiere bestmöglich vor Lahmheiten geschützt, um im Krieg und Postwesen lange einsatzfähig zu sein. Eisen galt als Metall mit hoher Schutzwirkung. Schmiede hatten in der Gemeinschaft eine angesehene Stellung, entrissen sie doch mit ihrer Zauberkraft das Metall der Erde, bändigten es und zwangen es in die gewünschte Form. Wenn das Hufeisen ein Pferd schützte, so bedeutete es doch bestimmt auch für den Menschen Glück und Schutz. Nur ein gefundenes Hufeisen bringt Glück. Diejenigen, die man in den dunklen Wintertagen der Weihenächte findet, stammen von den Pferden der Wilden Jagd. Sie schützen vor der Macht des tobenden Geisterzugs, der das Land mit gespenstischem Chaos überzieht.

Räucherritual „Schwung und Lebensfreude einladen"

Um den Beginn des neuen Jahres zu zelebrieren und ein sichtbares Zeichen zu setzen, dass Sie die nächste Etappe Ihres Lebens voller Schwung und Lebensfreude beginnen, sollte auch Ihr Haus mit positiver Energie erfüllt werden. Jede im Haushalt lebende Person überlegt sich vor der Durchführung des Rituals, welche Stimmung sie gedanklich in das Haus einladen möchte. Mit dem Duft bestimmter Räucherpflanzen unterstützen Sie die Energie, die Ihr Heim zum Wohlfühlplatz für die Familie gestalten soll.

Diese Pflanzenwesen unterstützen Sie:

Rosenblüten: erfüllen das Haus mit Liebe und Güte.

Lemongrass: stößt das Tor zur Lebensfreude auf.

Lavendel: führt in die erfrischende Stille eines ruhigen Geistes.

Alant: schützt uns mit seiner Lichtkraft gegen die Verzauberung durch dunkle, schwermütige Gedanken

Angelika: schenkt uns Kraft und neuen Mut.

Königskerze: richtet uns auf und erinnert daran, dass wahrer Schutz aus unserem Inneren kommt.

Sandarak: lehrt uns, mit dem klaren Blick des Herzens zu sehen.

Rosmarin: hilft uns, mit seinen Feuerimpulsen auf allen Ebenen in Bewegung zu kommen.

Weihrauch: öffnet das Bewusstsein für die feinstofflichen Ebenen und hüllt das Haus in ein goldenes Segenslicht.

Öffnen Sie Ihr Bewusstsein, während Sie die Kräuter verglimmen, für das jeweilige Pflanzenwesen und bitten Sie es, Sie mit seiner Kraft zu unterstützen. Verteilen Sie den duftenden Rauch in allen Räumen des Hauses und visualisieren Sie dabei ein goldenes Licht, welches das Haus mit Schutz und Segen erfüllt.

Die 8. Raunacht steht symbolisch für den
August

Im August schüttet die Erde ihr Füllhorn über uns aus. Das Feuerelement ist in diesen Tagen besonders stark präsent und entlädt sich in den hochsommerlichen Gewittern. Die kraftvolle Sonne schenkt den Früchten ihre Süße und drängt mit ihrer Glut alles was reift, der Vollendung entgegen. Auch die Kräuter duften jetzt besonders intensiv und speichern das Licht der Sonne, um es in ihrem Duft in die dunklen Winterstuben zu tragen. In der Zeit zwischen dem 15. August und dem 8. September, in den sogenannten Frauendreißigern, ist ihre Heilkraft so ausgeprägt, dass sie für die Kräuterapotheke zu Hause gesammelt werden können.

Meditatives Innehalten

⁞ Spüren Sie der Feuerenergie in sich nach, die sich in Tatkraft, Durchsetzungsvermögen, Selbstvertrauen, Mut und Willenskraft äußert.

⁞ Welche Hinweise haben Sie in dieser Raunacht erhalten, die mit diesen Qualitäten in Verbindung stehen?

Die Feuerenergie befähigt uns Grenzen zu ziehen, Nein zu sagen und Entscheidungen zu treffen. Wenn Sie Ihre Pläne im neuen Jahr manifestieren und zur Reife bringen möchten, bedarf es dieser Energie, damit Sie zu sich selbst stehen und die Dinge tatkräftig in die Hand nehmen.

Der Stern

Der STERN

Die Tarotkarte Der Stern strahlt einen ganz besonderen Zauber aus. Eine nackte, junge Frau kniet mit einem Fuß auf sattem, grünem Gras, der andere Fuß steht in einem kleinen Teich. Sie ist die Göttin Nuit, der Raum zwischen den Sternen. Das Wasser des Lebens, der unendliche Strom der Schöpfungsenergie strömt aus ihren Krügen, um den Teich (das Unbewusste) und die Erde (das Wachbewusstsein, die sichtbare Realität) zu befruchten. Diese Energie ergießt sich als immerwährende Gnade über alles, um allem Leben einzuhauchen. Der Vogel Ibis ist ein Bote des Gottes Toth / Hermes, der als Wanderer zwischen den Welten alle Seinsebenen verbindet. Die sieben kleinen Sterne symbolisieren die sieben Chakren. Der achte Stern verbildlicht den Leitstern der Seele.

Aspekte des Sterns: Glück, Hoffnung, Träume, Visionen, Meditation, Zuversicht, etwas steht unter einem guten Stern, dem inneren Leitstern folgen, die Weichen für den richtigen Weg stellen

Der Stern: Glück und Segen einladen

Der Stern ist die Karte einer segensreichen Kraft, die das Tor zu visionären Dimensionen öffnet. Er kündet eine Zeit voll Hoffnung, Glück und konstruktiver Energie an, die Ängste sowie Zweifel am eigenen

Lebensweg auslöscht. Der Stern ist ein Symbol höchster Spiritualität, der unserem Wirken Heilung verleiht und unseren Plänen Schutz verheißt. Mit dieser Brücke zur kosmischen Energie verbinden sich Liebe und die Weisheit der Seele zu einer fruchtbaren Einheit. Nach dem Abwerfen alter Bürden und Lasten, die den Lebensweg verdunkelt haben, liegt das neue Jahr nun wie reiner Schnee als unbeschriebenes Blatt der Zukunft vor Ihnen. Mit der Schwingung des Sterns senkt sich tiefe Ruhe ins Herz, in der man Zukunftspläne schmieden sowie seinen Visionen geführt und geschützt Raum geben kann. Unter seinem Einfluss werden Visionen, die im Teich des kosmischen Geistes ruhen, wach. Die Weisheit dieses Tarot-Schlüssels lädt Sie dazu ein, Ihrem inneren Leitstern voller Vertrauen in die Zukunft zu folgen. Der Stern verkörpert das Erfahren anderer Realitäten sowie das intuitive Wissen um den Lebensweg. Er vermittelt die Botschaft, dass unsere Visionen und Vorhaben „unter einem guten Stern stehen" und ihrer Erfüllung nichts mehr im Wege steht. Mit dem Stern fließen Licht, Leichtigkeit, Liebe sowie visionäres Erfühlen in Ihr Leben. Unter seinem Schutz öffnet sich das Tor zu einer segensreichen Zukunft.

Verbindung mit der Kraft des Sterns

Mit der Hilfe des Sterns sind Sie in der Lage, die Grenzen des Geistes zu öffnen, um ohne Furcht in visionäre Dimensionen vorzudringen. Er unterstützt Sie darin, die magischen Zwischenräume der Raunächte, wenn die Zeit stillsteht, zu durchqueren. Eine Meditation unter seiner Führung und Schutzkraft gibt unseren Visionen Raum, damit wir sie voller Optimismus und Hoffnung in die Realität holen können.

- Vor Beginn Ihrer Sternenmeditation überlegen Sie sich eine Frage, ein ganz besonderes Anliegen oder ein Thema, das in Ihrer derzeitigen Lebenssituation präsent ist.
- Nehmen Sie sich ausreichend Zeit für Ihre meditative Begegnung mit dem Stern. Ziehen Sie sich in einen Raum, in dem Sie ungestört sind, zurück und machen Sie es sich bequem.
- Leise Entspannungsmusik und das Verräuchern von Dammarharz oder Weihrauch auf Ihrem Räucherstövchen unterstützen Ihre Meditation.
- Beginnen Sie tief und ruhig gleichmäßig durch die Nase ein- und durch den Mund auszuatmen. Wenn Sie sich vollständig entspannt fühlen, beginnen Sie mit Ihrer Reise unter dem Schutz des Sterns.
- Sie sind an einem wunderschönen Platz in der Natur. Sie sitzen auf einem grasbewachsenen Felsplateau hoch über einem grünen, fruchtbaren Tal. Das Licht der Abendsonne taucht das Bild, das Sie überblicken, in einen warmen, goldenen Schimmer. Sie fühlen Freude, Liebe und Dankbarkeit darüber, dass Sie dieses wunderbare Abendschauspiel erleben dürfen.
- Schließlich breitet die Nacht ihre samtenen Flügel aus und atmet die Mühen des Tages ins Nichts. Über Ihnen und rund um Sie herum wölbt sich das samtblaue Firmament. Sie fühlen sich leicht, glücklich und geborgen in diesem weichen, blauen Mantel

des Himmels und der Ruhe, der Sie umgibt.

-   Im nachtdunklen Himmel schimmern und glühen Sterne. Visualisieren Sie nun, wie Sie Ihre Frage oder Ihr Anliegen aus tiefstem Herzen in den nächtlichen Sternenhimmel schreiben. Lassen Sie den Satz kurz am Himmel stehen und löschen Sie ihn dann aus.
-   Bleiben Sie eine Weile ruhig und still sitzen, um die Antworten, die Sie bekommen, achtsam wahrzunehmen.
-   Bleiben Sie auf dem Felsplateau, solange Sie möchten. Wenn Sie dazu bereit sind, kehren Sie in Ihren Meditationsraum zurück.

2. Jänner | 9. Raunacht

Thema: Das Wesentliche erkennen

Die drei Weisen aus dem Morgenland brachten dem neugeborenen Jesuskind kostbare Gaben aus ihrer fernen Heimat. Magier seien sie gewesen oder Sterndeuter, so wird es in der Bibel erzählt, welche in ihrem Herzen die Botschaft empfangen hatten, dass der Messias an diesem ärmlichen Ort geboren werde. Nichts erschien ihnen so bedeutsam, als sich auf den Weg zu machen und den Sohn Gottes zu suchen. Erst im 3. Jahrhundert gebrauchten Kirchenschriftsteller wie Tertullian den Ausdruck Könige. Die Namen Caspar, Melchior und Balthasar sind seit dem 8. Jahrhundert in Gebrauch. Der König namens Caspar huldigte dem Neugeborenen mit Gold. Mit diesem Symbol für die Vollkommenheit der Seele, verneigte er sich vor der göttlichen Reinheit des Kindes in der Krippe. In vielen Kulturen wird Gold mit dem Licht der Erkenntnis und mit der Erleuchtung gleichgesetzt, die dazu befähigt, im Einklang mit dem Seelenplan zu handeln. Wenn man dieser inneren Wahrheit folgt, die nicht geschrieben, sondern mit dem Herzen erkannt wird, so richtet sich die äußere Lebensweise an der verborgenen Weisheit der Seele aus.

Räucherritual „Das Gold in meinem Leben"

Schenken Sie sich eine Zeit des Rückzugs und der Stille, um dem Gold in Ihrem Leben nachzuspüren. Verräuchern Sie ein wenig Dammarharz auf Ihrem Räucherstövchen. Mithilfe des Dammar-Pflanzenspirits können Sie die Weiten geistiger Räume ohne Einengung durchschreiten. Die feine, lichtvolle Schwingung dieses Räucherduftes hilft Ihnen, die Grenzen Ihres Geistes zu öffnen und sich ohne Furcht in unbekannte Räume zu wagen. Begrenzende Gedankenkonzepte werden unter dem Einfluss von Dammar entstaubt, bis nur mehr das Wesentliche bleibt.

Während Sie den Duft genießen, können Sie über die folgenden Fragen meditieren:

- Worin besteht der Reichtum in meinem Leben?
- Auf welchen Ebenen strebe ich nach Reichtum?
- Was ist wesentlich in meinem Leben?
- Lebe ich mein äußeres Leben im Einklang mit meiner inneren Wahrheit, meinen Überzeugungen und Bedürfnissen?
- Was hält mich davon ab, meinem inneren Licht zu folgen?
- Erkenne ich die dazu notwendigen Veränderungen und verstehe ich sie?

Bitten Sie Ihren Seelenführer, Ihnen Ihren Seelenplan im Einklang mit Ihrer spirituellen Entwicklung zu enthüllen.

Die 9. Raunacht steht symbolisch für den
September

Im September zieht der Herbst mit goldenem Licht ins Land. Die Tage werden kürzer und wir wissen, dass wir auf die Zeit der zunehmenden Dunkelheit zugehen. In diesem Monat wird geerntet, was unter der Glut der Sommersonne gereift ist und für den Winter haltbar gemacht. Uns wird in reichem Übermaß geschenkt. Mit der Herbsttagundnachtgleiche sind die Kräfte von Licht und Dunkelheit wieder ausgeglichen.

Meditatives Innehalten

Spüren Sie den Themen von Licht und Dunkelheit in Ihrem Leben nach, indem Sie sich an einen ungestörten Ort zurückziehen und mithilfe einer Augenbinde in die Dunkelheit gleiten. Des Sehsinns beraubt, konzentrieren wir uns auf die Wahrnehmung durch unsere anderen Sinne und öffnen uns für das, was unter der Wahrnehmungs- schwelle des Sehens liegt. Nehmen Sie wahr, wie Ihr Atem ruhig in Ihren Körper hinein- und wieder herausströmt. Die Konzentration auf Ihren Atem lässt Ihren Geist im Hier und Jetzt verweilen und öffnet die verborgene Tür zu Ihrem Unbewussten.

Verbinden Sie sich mit Ihrer inneren Führung und denken Sie über die folgenden Fragen nach:

- Sind die Kräfte von Geben und Nehmen in Ihrem Leben in Balance?
- Würdigen Sie das, was Sie in Ihrem Leben erreicht haben oder sind Sie ständig unzufrieden mit sich und Ihrem Leben?
- Verweilen Sie und „be-sinnen" Sie sich. Öffnen Sie sich für die Wahrnehmungen, die hören, riechen, fühlen und schmecken erlauben.

Die Liebenden

Die LIEBENDEN

Obwohl die Karte den Namen Die Liebenden trägt, geht es in erster Linie um Unterscheidung. Eva, die archetypische Frau und Adam, der archetypische Mann, stehen unter den schützend ausgebreiteten Armen des Erzengels Raphael. Als Sinnbild für das Unterbewusstsein erhebt Eva den Blick zum Engel und den geistig, spirituellen Einströmungen, die sie von ihm, dem Überbewusstsein, empfängt. Adam, das Wachbewusstsein, blickt auf Eva, um eine Verbindung zu den Kräften des Überbewusstseins herstellen zu können.

Die Liebe wiederum, die mächtigste Kraft im Universum, ist die Grundlage, auf der die polaren Kräfte harmonisch verbunden werden.

Aspekte der Liebenden: Urteilsvermögen, Disposition, Unterscheidung, der Kreuzungspunkt, analysieren und ordnen, der Weg zur Selbstbestimmung, Intuition und Verstand einbeziehen, Vereinigung der Gegensätze, erfüllende Aufgabe

Die Liebenden: Das Wesentliche erkennen

Die Kraft der Liebenden unterstützt Sie in Lebensphasen, die von Orientierungslosigkeit geprägt sind, hinter all den Anforderungen unter dem Druck der Außenwelt das eigene Herz zu erforschen, um eine Ausrichtung Ihres Lebens im Einklang mit der inneren Wahrheit zu erreichen. Vielleicht haben Kräfte aus verschiedenen Richtungen bereits seit geraumer Zeit an Ihnen gezerrt, Sie gedrängt und geschoben, um Sie an einen Kreuzungspunkt zu bringen, an dem Sie nun unschlüssig verharren. Die Karte der Liebenden mahnt Sie, über das Offensichtliche hinauszuschauen, sich selbst ein Freund zu sein und beherzt eine Wahl zu treffen, die das, was Sie fühlen, denken und handeln, klar widerspiegelt. Täglich stehen wir an Kreuzungen, die uns die Möglichkeit bieten, dem Zuruf des Schicksals zu folgen, uns neu im Sinne des Lebensziels zu entscheiden und zu korrigieren, um das Wesentliche für eben dieses Ziel deutlich wahrzunehmen. Vorangegangene Entwicklungsschritte begünstigen die Neigung in die eine oder andere Richtung. Wenn diese Karte in Ihr Leben tritt, dann überblicken Sie Ihre momentane Lebenssituation von einer höheren Warte aus und unterscheiden Sie, was für Ihr Lebensziel von Wert ist und was nicht von Wert ist, bevor Sie endgültige Entscheidungen treffen. Damit können Sie aus Ihrem engen Sichtfeld heraustreten, die Lage souverän einschätzen und danach handeln. Schützend hält der Engel des Überbewusstseins seine Arme über die polaren Kräfte in uns. Der Kreislauf der Kräfte von Wach- und Unterbewusstsein in perfekter Harmonie in Entscheidungen einbezogen, ermöglicht die optimale Ausrichtung und die Neigung zum Wesentlichen im Leben. „Gib den polaren Kräften in dir gleichermaßen Raum", ruft die Karte der Liebenden uns zu, um den Weg vor Ihnen klar zu erkennen. Das Ziel Ihrer Entscheidungen besteht darin, authentisch zu leben und selbst gegen den Widerstand Ihrer Umwelt treu zu sich und dem zu stehen, was Sie mit Gewissheit als richtig erkannt haben. Die Dualität von Wachbewusstsein und Unterbewusstsein hilft Ihnen, die Spreu vom Weizen zu trennen, sodass nur mehr das Wesentliche in Ihrem Leben bleibt.

Verbindung mit der Kraft der Liebenden

Von Kindesbeinen an werden die meisten von uns dazu erzogen, auf die Stimme der Vernunft zu hören oder rational zu denken. Um die verborgene Weisheit der Seele in Entscheidungen einzubinden, ist es jedoch von tiefgreifender Bedeutung, eine Brücke zur Intuition, zur machtvollen Welt des Unterbewusstseins zu schlagen.

Über die Arbeit mit Karten drückt sich das Unbewusste über das Orakel aus. Mehr darüber lesen Sie bitte im Abschnitt „Orakeln" nach. Sich selbst und die gegenwärtigen Strömungen im Leben über das Orakel zu erforschen ist ein sehr meditatives Unterfangen, für das Sie sich ausreichend Zeit nehmen sollten. Neben dem Studium der jeweiligen Tarotkarte lege ich Ihnen auch meine Kartensets „Was Bäume raunen", „Blumengeheimnisse" und „Begegnung mit PflanzenSpirits" ans Herz. Um eine meditative Atmosphäre zu unterstützen, können Sie Lorbeer- und Stechpalmenblätter verräuchern.

Über das Orakel haben Sie eine erweiterte Sicht auf die Hintergründe einer anstehenden Entscheidung. Wenn Intuition und ordnender Verstand auf der Suche nach dem Wesentlichen gleichermaßen miteinbezogen werden, wird Ihr Herz am Ende leicht und Ihr Schritt auf dem Weg zu einem klaren, kraftvollen Leben beschwingt sein.

3. Jänner | 10. Raunacht

Thema: Kraft für den neuen Zyklus aufbauen

Die Umsetzung Ihrer Pläne erfordert Kraft, Willensstärke und Durchsetzungsvermögen. Nach der anstrengenden Vorweihnachtszeit und den Anforderungen, die der Alltag nach den Feiertagen an uns stellt, ist es wichtig innezuhalten, Kraft aufzubauen und die Konzentration zu stärken. Der König Melchior brachte dem neugeborenen Jesuskind Weihrauch. Der Duft des verräucherten Harzes reinigt, bereitet den Boden für innere Sammlung und öffnet die Wahrnehmung für feinstoffliche Ebenen. Der Rauch des kostbaren Harzes war seit Zeitaltern Überbringer von Gebeten, Botschaften und Bitten an die himmlischen Mächte. Die Duftimpulse leiten Sie auf tiefverborgenen Pfaden und unterstützen Sie auf dem Weg zur göttlichen Quelle in Ihnen.

Räucherritual „Den Energiefluss anregen"

Wann immer Ihnen danach ist, können Sie Ihren Energiefluss mit Verbündeten aus dem Pflanzenreich anregen. Sie helfen Ihnen dabei, Ihren Alltag schwungvoll in Angriff zu nehmen. Die Duftimpulse dieser Kräuter und Harze stärken die Konzentrationsfähigkeit und ermöglichen es Ihnen, Ihre Gedanken zu fokussieren und zielgerichtet bei einer Aufgabe zu bleiben. Sie unterstützen Sie auf dem Weg zu Mut und Selbstvertrauen, stärken die ICH-Kraft und das Durchsetzungsvermögen. Ein Ritual mit diesen aufbauenden Kräutern macht Ihnen bewusst, welche Energie Sie in sich stärken möchten, um Ihre Vorhaben mit Herz und Verstand zu meistern.

Für ein Ritual mit aufbauenden Kräutern eignen sich:

Angelika:	schenkt Ihnen Kraft und neuen Mut.
Lavendel:	klärt den Geist und bringt Ruhe in überreizte Gefühle.
Quendel:	schenkt Ihnen Zähigkeit und Durchhaltevermögen.
Dost:	stärkt das innere Lebensfeuer und gibt Ihnen Kraft, um über Ihre Grenzen hinaus zu wachsen.
Königskerze:	richtet Sie auf und hilft Ihnen, das innere Licht zu sehen und sich daran auszurichten.
Lemongrass:	stößt das Tor zur Lebensfreude auf.
Meisterwurz:	unterstützt das Vertrauen in die eigene Kraft.
Kiefernharz:	geht mit dem Element Feuer in Ihnen in Resonanz, das Sie zu Willenskraft transformieren können, wenn Sie sich Ihren Herausforderungen stellen.
Weihrauch:	verbindet Sie mit der göttlichen Quelle in Ihnen.

- Verglimmen Sie die Kräuter und Harze auf dem Sieb Ihres Räucherstövchens, indem Sie den jeweiligen Räucherstoff zuerst in die Mitte des Siebes legen und den Duft bewusst wahrnehmen und genießen. Danach schieben Sie das Räuchergut an den Rand des Siebes und legen das nächste Kraut oder Harz in die Mitte.

- Sie können alle vorgeschlagenen Räucherstoffe in Ihr Ritual einbeziehen oder sich bei der Auswahl von der Stimme Ihres Herzens leiten lassen.

- Beobachten Sie, welche Bilder und Gefühle bei der Verräucherung der einzelnen Kräuter und Harze aus Ihrem Unbewussten hochsteigen.

- Meditieren Sie darüber, welche Botschaft im duftenden Rauch der Pflanze an Sie herangetragen wird und was sie in Ihnen auslöst.

- Lassen Sie sich von den Pflanzenwesen auf eine Reise in Ihr Unbewusstes führen und genießen Sie die Überschreitung von Grenzen, die Ihr Verstand Ihnen setzt.

Die 10. Raunacht steht für den Monat
Oktober

Die Natur trifft Vorbereitungen für den Winter, indem sich die Kraft der Pflanzen in den Wurzelbereich zurückzieht. Herbststürme reißen das bunte Blätterkleid der Bäume mit sich fort und am Abend ziehen feuchte Nebelschwaden über die Wiesen. Die letzten Zugvögel sind gegen Süden gezogen, nur noch das Krächzen der Krähen weht über die kahlen Felder. Die Ernte wird versorgt und gelagert. Letzte warme, goldene Tage sind ein Geschenk vor den langen, dunklen Wintertagen.

Räucher-Dankritual

Die Natur lehrt uns nun, dankbar zu sein für das, was wir ernten durften und uns für karge Zeiten zu rüsten. Nun ist ein guter Zeitpunkt um sich bewusst zu machen, dass wir Teil einer Gemeinschaft von Wesen sind, die von der mütterlichen Energie der Erde genährt werden.

Die Verbundenheit mit allem Sein können Sie in einem Ritual in der Natur zelebrieren.

- Stellen Sie eine Schale mit Dankesgaben an die Wurzeln eines Baumes und bedanken Sie sich für all die Gaben, die Sie von der Erde und dem Kreis aller Lebewesen nehmen dürfen. Sie können Speisen in die Schale füllen oder ein Symbol als Dank hinein-legen.
- Verglimmen Sie einige Melisseblätter und ein wenig Zedern-spitzen auf dem Sieb Ihres Räuchergefäßes. Der Melisse-Spirit lehrt Sie, den Klang der Natur zu hören und die Verbundenheit mit allem Sein zu fühlen. Der Pflanzenspirit der Western Red Cedar zeigt Ihnen die schützende, nährende Kraft der Erde, die Sie mit allem, was Sie brauchen, versorgt. Dieser weise Baum-

geist erinnert Sie an das Bündnis zwischen Mensch und Baum und lenkt Ihren Blick auch auf den Ausgleich, den Sie für die Gaben der Erde schaffen. Sie sind Teil des Ganzen und das Ganze ist Teil von Ihnen.

Der Magier

Die Karte des Magiers trägt die Zahl I, deren Symbolgehalt Bewusstsein und männliche Energie beinhaltet. Der Stab in seiner Hand ist das Instrument seiner okkulten Kraft. Er bündelt den Strom der Lebensenergie, um sie über den zur Erde weisenden, ausgestreckten Zeigefinger in die Ebene der sichtbaren Realität herabzuleiten. Die Utensilien auf dem Tisch repräsentieren die Kraft der vier Elemente. Stab (Feuer), Kelch (Wasser), Schwert (Luft) und Pentakel (Erde) sind die Instrumente seiner magischen Kraft. Er weiß, was er ist und wie er seine Energie mittels Willensstärke ausrichten muss. Er ist Fokussierung.

Aspekte des Magiers: Konzentration, Fokussierung, Willensstärke, gebündelte Kraft, Erfolg, Entschlusskraft, Ideen, neuer Schwung, Beherrschung, Selbstverwirklichung, Klugheit, aktiv sein, die Initiative ergreifen

Der Magier: Willenskraft für den neuen Zyklus aufbauen

Wenn der Magier in Ihnen erwacht und seine Energie Sie ungehindert durchfluten darf, sind Sie mit klarem Wollen, zielgerichteter Konzentration und unbeugsamem Willen gesegnet. Er belebt Sie mit Energie und ermuntert Sie, neue Möglichkeiten in Angriff zu nehmen, um

Ihrem Leben frischen Schwung zu verleihen sowie es schöpferisch jeden Tag neu zu gestalten. In seiner Ausdrucksform hat sich Merkur, der geflügelte Bote der Götter und Magier, Ihrer angenommen. Als Wanderer zwischen den Welten spricht Merkur die Sprache aller Seinsebenen. Er ist der Kanal, um Ihnen okkulte Weisheit, Wissen und Informationen aus anderen Dimensionen zu übermitteln. Der Magier fordert Sie auf, Ihre Kräfte zu formieren, zu fokussieren und in das Schwert der Konzentration zu schmieden. Er lehrt Sie, Vertrauen in Ihre Fähigkeiten zu haben, die Initiative zu ergreifen und Ihre Vorhaben mit der notwendigen Zielgerichtetheit zu verfolgen. Der Magier erweckt den Zauberer in Ihnen, der mit seiner Konzentrationskraft Visionen Wirklichkeit werden lässt. Diese fokussierende Energie manifestiert sich nicht nur in Künstlern, Erfindern und Wissenschaftlern, sondern in jedem, der Pläne und Vorhaben zügig in handfeste Ergebnisse umwandelt. Seine Kraft ist ein Tor des Übergangs zur kosmischen Lebensenergie, die er in Ihre geistigen Kanäle leitet, damit sie mit der Macht des Willens in der Realität sichtbare Form annehmen darf. Die vier Elemente sind das Werkzeug, mit dem der Magier seine impulsgebende Energie lenkt und formgebend variiert. Ein Kraftschub für Geist, Psyche und Körper ist sein Geschenk an Sie. Damit sind Sie in der Lage, Ihre Visionen und Pläne wach, konzentriert und in hohem Maße handlungsbereit umzusetzen.

Verbindung mit der Kraft des Magiers

Um Ihren Energiefluss anzuregen, die Konzentrationsfähigkeit und Ihr Selbstvertrauen zu stärken, wirkt ein Schluck vom Elixier des Magiers magisch inspirierend.

    ෙ   Setzen oder legen Sie sich bequem hin, lassen Sie zur Unterstützung leise Entspannungsmusik laufen und beginnen Sie, tief und ruhig zu atmen. Atmen Sie einige Minuten in einem Rhythmus, der Ihnen angenehm ist, über die Nase ein und über den Mund wieder aus. Beobachten Sie, wie sich Ihre Bauchdecke sanft hebt und wieder senkt.

- Stellen Sie sich nun mit geradem Rücken hin, die Füße schulterbreit auseinander. Nehmen Sie die Armhaltung des Magiers ein. Der rechte Arm weist schräg nach oben. Visualisieren Sie Ihren „magischen Stab" in der rechten Hand, der senkrecht nach oben ausgerichtet ist. Die linke Hand setzt die schräge Armhaltung des rechten Armes nach unten fort. Der ausgestreckte Zeigefinger zeigt zur Erde.

- Fühlen Sie, wie Ihre Füße intensiv mit der Energie der Erde verbunden sind, als kraftvoller Anker, über den die Energie der Erde in Ihren Körper fließt.

- Richten Sie Ihre Aufmerksamkeit auf den „magischen Stab" in Ihrer rechten Hand und fühlen Sie, wie der Strom der kosmischen Lebensenergie als weißes Licht an der oberen Spitze des Stabes eintritt, über Ihre Hand, Ihren rechten Arm, den Körper in den linken Arm fließt, sich zusammenzieht und als kraftvoller, zentrierter Strom über Ihren ausgestreckten Zeigefinger in die Erde fließt und sich rund um Sie herum als strahlender Lichtkreis ausbreitet.

- Die strahlende Lichtenergie fließt über Ihre Füße empor und füllt jeden Winkel Ihres Körpers.

- Mit jedem Atemzug ziehen Sie die Kraft des Magiers, seine fokussierende Energie, seine Willensstärke, seine Klarheit, seinen Tatendrang, sein Selbstvertrauen und seine Entschlusskraft in Ihren Körper.

- Visualisieren Sie nun ein Bild, das Sie für fünf Minuten mit der Konzentration und Fokussierungskraft des Magiers vor Ihrem geistigen Auge halten.

♊ Zum Abschluss lösen Sie Ihre Körperhaltung, setzen sich entspannt hin und spüren der Energie in Ihrem Körper nach.

Fragen Sie sich:

♊ Was ist mein Lebensziel?

♊ Was möchte ich verwirklichen und umsetzen?

♊ Was sind die nächsten Schritte, um an mein Ziel zu gelangen?

Ein spielerischer Weg, um die Konzentration zu fördern, ist die Zusammensetzung eines Puzzles.

4. Jänner | 11. Raunacht

Thema: Aus Wünschen werden Vorhaben

Um aus Wünschen konkrete Vorhaben und erfüllende Lebensumstände werden zu lassen, bedarf es einer sorgfältigen Planung.

- Formulieren Sie ein klares Ziel, das Sie erreichen möchten, indem Sie es auf ein Blatt Papier schreiben.
- Visualisieren Sie sich selbst und die neuen Lebensumstände, wenn Sie dieses Ziel erreicht haben.
- Erstellen Sie für das Erreichen dieses Zieles eine Umsetzung in mehreren Schritten z. B. ein Fitnessprogramm, um Ihrem Körper Gutes zu tun. Sagen Sie nicht, „Ich werde mehr Sport treiben", sondern, „Ich werde drei Wochen lang jeden Mittwoch eine halbe Stunde spazieren gehen. In den folgenden drei Wochen steigere ich dieses Pensum auf eine Stunde usw.". Wenn Sie Ihre Freundschaften mehr pflegen wollen, erstellen Sie konkret eine Liste, wen Sie anrufen und um ein Treffen bitten möchten. Sollten Sie ein Geschäftsvorhaben umsetzen wollen, so erstellen Sie einen Finanzplan. Je genauer Sie die Schritte für die Umsetzung eines Vorhabens formulieren und planen, desto realistischer wird die Erfüllung Ihres Wunsches sein.

Der König Balthasar brachte dem neugeborenen Jesuskind Myrrhe. Die stark reinigende Wirkung des kostbaren Harzes stemmt sich sogar gegen Zerfallsprozesse, sodass man in Ägypten die Toten damit einbalsamierte. Myrrhe war der weibliche Part des Gegensatzpaares Weihrauch und Myrrhe. Das Harz war der Göttin Isis geweiht und wurde traditionell in Ägypten zu Mittag verräuchert um sie zu ehren.

Der Duft qualitativ hochwertiger Myrrhe erinnert an Erde und verbindet uns auch mit den Kräften der Erde. Diese Energie unterstützt uns darin, gut geerdet zu sein und mit beiden Beinen fest im Leben zu stehen. Sie lässt uns die Kraft in unserem Körper fühlen, die es uns ermöglicht, Wünsche aus dem geistigen Bereich in eine handfeste Realität zu transformieren.

Die 11. Raunacht steht symbolisch für den Monat
November

Während graue Nebeltage das Land regieren, sammeln die Vegetationskräfte tief in der Erde Kraft für einen neuen Zyklus. Kein Wachstum ist noch sichtbar und doch hütet der Keim, geborgen im Leib der Erde, die Geheimnisse des Frühlings und das Versprechen auf die Ernte des Sommers. Die leuchtenden Tage des Frühlings und die duftenden Nächte des Sommers scheinen unerreichbar weit weg zu sein, während sich schon Kraft formiert, um beidem entgegenzuwachsen. Für unsere Ahnen hieß der November „Schlachtermonat", denn nun wurden die Tiere, die Nahrung für den Winter waren, geschlachtet und ihr Fleisch haltbar gemacht. Wenn Stille sich über das Land senkt, wird der Geist aufnahmefähiger und die Schleier zwischen den verschiedenen Seinsebenen zarter.

Meditatives Innehalten

Unsere Ahnen sind uns in den kürzer werdenden Tagen näher als sonst. Jetzt ist es Zeit, für das Fundament, das sie uns gebaut haben, zu danken oder versöhnlichen Ausgleich für die Lasten, die sie uns hinterlassen haben, zu schaffen. Zünden Sie eine Kerze für Ihre Ahnen an und erbitten Sie ihren Rat, ihre Hilfe und ihren Segen für Ihre Vorhaben.

Der Herrscher

Der HERRSCHER

Umgeben von vier Widderköpfen sitzt der Herrscher auf einem ansonsten schmucklosen, geradlinigen Thron. Widder und die auf der Karte vorherrschenden Rottöne signalisieren Marskraft, die sich in Willensstärke und Kampfbereitschaft ausdrückt. In den Händen hält der Herrscher die Insignien seiner Macht: den Reichsapfel – ohne Kreuz – der für weltlichen Führungsanspruch steht sowie das ägyptische Ankh, das Symbol des ewigen Lebens. Er ist der archetypische Vater, der gesetzgebend Strukturen, Ordnung und Stabilität schafft. Der weiße Bart spiegelt die Erfahrung, Weisheit sowie die Reife des Alters. Er ist das Sinnbild der Zivilisation, die der wild wuchernden Natur ihren Stempel aufprägt, um Systeme, Sicherheit und Stabilität zu schaffen.

Aspekte des Herrschers: authentisch sein, ein System wird gebildet, Ordnung, Disziplin, Strenge, Kontrolle, nichts dem Zufall überlassen, väterlicher Schutz, Mut, Kraft, Durchsetzungsvermögen, Verantwortung für sich und andere übernehmen, überlegtes Handeln, erledigen, anpacken

Der Herrscher: Aus Wünschen werden Vorhaben

Der Herrscher bringt eine fürsorgliche, väterliche Schutzkraft in Ihr Leben. Seine Kraft der Systematisierung schafft die Strukturen, welche

Ideen und Pläne solide in der Realität verankern. Seine Energie ist das Kraftbad, das Ordnung in nebulose Ideen bringt und Sie ermutigt, aus der Fülle der Möglichkeiten an verlockenden Zielen weise zu wählen. Er lehrt Sie, Ihr Haus klug und geordnet zu bestellen und alle Ihre Wünsche auf der Waage der Realität zu wiegen. Ein Bündnis mit seiner Kraft fordert eine Bereinigung in allen Lebensbereichen, damit Klarheit und Ordnung einkehren können. Er lässt kein überstürztes Handeln zu, vielmehr sind sorgfältige Planung und weises, verantwortungsbewusstes Handeln unter seiner Regentschaft gefragt. Er prüft Ihren Willen und Ihre Bereitschaft, sich unbeirrt für Ihre Ziele einzusetzen. Wenn Sie den Herrscher einladen, seinen Thron in Ihrem Bewusstsein zu besteigen, übernehmen Sie die Verantwortung für Ihr Leben, Ihr Handeln und die Macht Ihrer Gedanken. Der Herrscher animiert Sie dazu, nichts dem Zufall zu überlassen, sondern energisch und beharrlich anzupacken, damit ein spürbares Vorankommen in der Umsetzung Ihrer Vorhaben gewährleistet ist. Mit seiner Energie erwecken Sie den Pionier in sich, der an sich und seine Fähigkeiten glaubt und seine Kraft für die nächsten Entwicklungsschritte gleichermaßen geschickt wie gezielt einsetzt. Er gemahnt uns durchzuhalten, wenn Widrigkeiten uns dazu verleiten wollen, aufzugeben. Mit Beharrlichkeit und Zähigkeit wurde schon so manches scheinbar unmögliche Ziel erreicht. Zielstrebigkeit und Disziplin sind die magischen Zutaten des Elixiers, das den Weg zum Erfolg ebnet. Wenn sich der Herrscher durch Sie ausdrückt, ist es an der Zeit, aus dem Schatten anderer herauszutreten, zu sich selbst zu stehen und sich gegenüber Fremdeinflüssen klar abzugrenzen. Dann sind Sie in der Lage, Ihren Weg deutlich wahrzunehmen und aus Ihrem Wesenskern heraus zu handeln. Aus Bequemlichkeit, andere für uns entscheiden zu lassen, welche Wünsche und Ziele für uns richtig sind, verschließen sich vielleicht ganz wesentliche Ziele. Seine Kraft befähigt Sie zu gesundem

Urteilsvermögen, verbunden mit der Gabe, klug und diplomatisch zu handeln, die kennzeichnend für jeden fähigen Herrscher ist.

Verbindung mit der Kraft des Herrschers

Um Ihre Wünsche in Erfüllung gehen zu lassen, ist eine sorgfältige Planung für die handfeste Umsetzung in der Praxis unerlässlich.

- ❧ Ziehen Sie sich an einen Ort zurück, an dem Sie ungestört planen und kreative Möglichkeiten für das Erreichen Ihres Zieles erwägen können.
- ❧ Unterstützend können Sie Zedernspitzen (Konzentration / Fokussierung), Eisenkraut (Klarheit) und Goldcopal (Kreativität) auf dem Räucherstövchen verglimmen.
- ❧ Folgen Sie den Anregungen am Eingang des Kapitels, indem Sie ein klares Ziel formulieren und es auf ein Blatt Papier schreiben. Halten Sie alles, was Ihnen an Umsetzungsschritten einfällt, fest und ordnen Sie Ihre Überlegungen abschließend in ein schrittweises Durchführungsprogramm. Sie können diese Liste jeden Tag ergänzen und die Details genauer ausarbeiten.

Eine ganz konkrete Möglichkeit, die Kraft des Herrschers zu rufen, besteht darin, Ordnung in einem Bereich zu installieren oder Dinge, die Sie vor sich hergeschoben haben, zu erledigen.

Zum Beispiel:

- ❧ Die Wohnung aufräumen.
- ❧ Kleidungsstücke, die nicht mehr gebraucht werden, aussortieren.
- ❧ Liegen gebliebene Rechnungen bezahlen.
- ❧ Unstimmigkeiten durch ein klärendes Gespräch bereinigen.
- ❧ Stellen Sie eine ganz persönliche Liste, die „Ordnung in mein Leben bringen" soll, auf, um in den folgenden Tagen schrittweise Dinge zu erledigen.

5. Jänner | Perchtennacht | 12. Raunacht

Thema: Die Raunächte abschließen

In der Nacht vom 5. auf den 6. Jänner endet die magische Zeit der Raunächte. Mit dieser Nacht ist viel altes Wissen und Brauchtum verbunden. Frau Perchta / Holle zieht mit ihrem Gefolge durch die Lüfte und wird mit der „Perchtmilch" bewirtet, von der auch Mensch und Tier essen sollen, um den Segen dieser mächtigen Wintergöttin zu erhalten. Aus der „Perchtmilch" wurde im christlichen Brauchtum die „Drei-Königs-Milch", aus dem Segen der Göttin der Segen der Könige Caspar, Melchior und Balthasar. Den Schutz der Könige schreiben seit langer Zeit die Sternsinger an die Türen, wenn sie zwischen Neujahr und dem 6. Jänner von Haus zu Haus ziehen. Zur neuen Jahreszahl gesellen sich die Zeichen *K + M + B*. Entgegen der landläufigen Meinung stehen diese Buchstaben nicht für Kaspar, Melchior und Balthasar, sondern bedeuten *Christus Mansionem Benedicat*, *Christus, segne das Haus*. In heidnischer Zeit waren es die Anfangsbuchstaben der drei Bethen, die mit der Bitte um Schutz und Segen an die Haus- und Stalltüren gemalt wurden. Diese drei alten, gütigen Göttinnen stehen als Ursprung hinter dem Segen der Heiligen Drei Könige.

So wie der 28. Dezember ist auch der 5. Jänner ein Tag, an dem man noch bereinigen und wiedergutmachen kann, was in den vergangenen Raunächten nicht den gewünschten Verlauf genommen hat.

Räucherritual „Die Raunächte abschließen"

Das Haus wird noch einmal ausgeräuchert, um einerseits destruktive und negative Energien aufzulösen und andererseits Götter und Geister versöhnlich zu stimmen. Als Räucherwerk eignen sich die Gaben der Magier (Weihrauch und Myrrhe) sowie Beifuß, Wacholder, Tannenharz, Alant, Holunderblüten und -holz, Mistel und Lavendel. Während der duftende Rauch durch die Räume zieht, können Sie die Raunächte Revue passieren lassen und die Träume, Botschaften und Zeichen, die Sie erhalten haben, betrachten. Anschließend halten Sie das, was Sie als negativ empfinden und loslassen möchten, auf einem Zettel fest, den Sie zum Abschluss des Rituals in einer feuerfesten Schale verbrennen. Versuchen Sie, den Sinn dieser Ereignisse zu erkennen und als Lernerfahrung in Ihr Leben einzuordnen. Bei Ihrem nächsten Spaziergang übergeben Sie die Asche einem Fluss, der als Symbol für den Fluss des Lebens steht. Achten Sie besonders auf die Träume in dieser Nacht. Sie sollen überaus aussagekräftig sein und in Erfüllung gehen. Die Magie dieser speziellen Nacht wird auch als Unterstützung genutzt, um magische und Ritualgegenstände zu reinigen (räuchern), zu weihen und mit Kraft aufzuladen.

Die 12. Raunacht steht symbolisch für den Monat Dezember

Die Verbindung mit der vorweihnachtlichen Zeit bietet sich für einen heilsamen Winterspaziergang an. Ein Gang durch die winterliche Landschaft fegt die Spinnweben aus dem Kopf, erfrischt Geist und Körper gleichermaßen und öffnet das Bewusstsein für das Licht, das uns leitet. Während glitzernde Schneeflocken durch die Stille treiben, die nur vom Wehen des kalten Nordwindes und dem Schrei der Krähen durchbrochen wird, breitet der Geist seine Flügel aus. Weich und leicht umschmiegt die Schneedecke die Erde, legt sich auf die wartenden Bäume, die mit ihrem Rauschen und Raunen Geschichten aus uralter Zeit an unser Ohr tragen. In dieser Stille legen die Engel ihre Botschaft in die Herzen der Menschen, der Geist wird leicht und klar und der Alltag scheint sich von unseren Schultern zu heben, um der Freude Platz zu machen, mit der wir in einen neuen Zyklus, in eine segensreiche weitere Etappe unseres Lebens gehen.

Der Wagen

Die Karte des Wagens ruft uns das Bild eines Triumphwagens mit dem siegreichen Lenker vor Augen. Das sternenübersäte Dach des Wagens ist ein Hinweis auf die Verbindung mit kosmischen Kräften. Zwei Sphinxe, die Rätsel des Lebens, ruhen vor dem Wagen. Sie blicken in verschiedene Richtungen. Der Lenker wird sein Unterfangen gut vorbereiten müssen, um sie auf ein Ziel zu vereinen. Um das Gesichtsfeld zu erweitern, muss der Wagenlenker die schützenden Mauern der Stadt hinter sich verlassen. Die acht Strahlen des Sternes auf seinem Kopf verheißen Sieg und Erfolg. Selbstsicher, in sich ruhend, scheint er den Betrachter anzublicken. Er weiß offensichtlich, was er will und welches Ziel er erreichen möchte.

Aspekte des Wagens: Aufbruch, über die Grenzen hinausgehen, ich lasse mich auf meinem Lebensweg führen, Verheißung, Neuanfang, mit Entschlossenheit und Zielstrebigkeit sein Ziel erreichen, geschützt und geführt zu neuen Horizonten aufbrechen, Selbstvertrauen, ein Weg zeichnet sich ab

Der Wagen: Geführt und voller Zuversicht gehe ich meinen Weg

Die Energie dieses Schlüssels spiegelt einen Aufbruch, eine Phase der Erneuerung, in der sich Türen öffnen und Wege auftun, die bislang verschlossen waren oder von deren Existenz Sie nichts wussten. Sie sind ein Wanderer auf stets wechselnden Pfaden, der immer wieder auszieht, um die geheimen Kräfte hinter den Schleiern von Zeit und Raum zu ergründen. Verlockend, leuchtend und blühend schimmert immer wieder ein Ziel, das neue Horizonte und gesprengte Ketten verheißt. Welcher Weg zeichnet sich für Sie im Einklang mit Ihrem innersten Wesen ab? Was möchten Sie probieren, was bestimmt Ihr Denken und Handeln, scheint Ihnen Schicksal und Sendung zu sein? Gelassen ruhen zwei Sphinxe vor dem Wagen. Als polare Kräfte, die Sie taktisch klug vereinen werden, begleiten sie Ihren Lebensweg. Ihr Höheres Selbst ist der Wagenlenker, der Sie dazu ermuntert, aufzubrechen und beherzt nach den Sternen zu greifen, damit Ihre Lebensvision wahr werden kann. Ihre innere Führung weiß, welche Tugenden Sie entwickeln müssen, um Ihrer lichtvollen Führung und Ihrem Ziel gerecht zu werden. Das sternenübersäte Dach des Wagens ist eine Erinnerung daran, dass kosmische Kräfte Ihren Weg schützend und führend begleiten. Der Wagen ruft dazu auf, an sich zu glauben und seine Herausforderungen optimistisch zu betrachten. Jeder Eroberer macht die Erfahrung, dass er die Zügel seines Lebenswagens fest in der Hand halten muss, um unbeirrt und geradewegs auf sein Ziel zuzusteuern. Ihre Klugheit, Ihre Geschicklichkeit im Umgang mit polaren Kräften, Ihr Einfallsreichtum und Ihre Liebe zu Ihrem Vorhaben sind ebenso gefragt wie Zielstrebigkeit und Entschlossenheit. Die Beschäftigung mit dem, was Sie glücklich macht, ist ein kostbarer Baustein zum Erfolg. Mit der Kraft des Wagens können Sie einen Bereich Ihres Lebens zu großartiger Entfaltung bringen oder Projekte erfolgreich abschließen. Lebensfreude und das unerschütterliche Wissen, dass Sie ein Gefäß für kosmische Kräfte und ihre schützende Führung sind, ebnen Ihren Weg.

Verbindung mit der Kraft des Wagens

In dieser abschließenden Raunacht unterstützt Sie die Kraft des Wagens dabei, die Verbindung mit der höheren Führung, ihrem Schutz und ihrem Willen bewusst wahrzunehmen. Seine Entschlossenheit ist ein klarer Quell, der Zuversicht sowie die konzentrierte Ausrichtung auf ein Ziel ermöglicht, damit Sie die Zügel für Ihr Leben fest in der Hand halten können.

- Ziehen Sie sich an einen ruhigen, angenehmen Platz zurück, wo Sie die Übung entspannt und ungestört durchführen können. Lassen Sie im Hintergrund leise Entspannungsmusik laufen, um einen meditativen Zustand zu unterstützen.
- Wenn Sie möchten, können Sie für die Reise mit dem Wagen Kräuter und Harze auf Ihrem Räucherstövchen verglimmen, um einen aufnahmebereiten Zustand zu schaffen. (Weihrauch, Myrrhe, Sandelholz, Eisenkraut, Lemongrass, Angelika, Wacholder)
- Setzen Sie sich bequem mit geradem Rücken hin. Entspannen Sie sich und beginnen Sie, tief und gleichmäßig zu atmen. Fühlen Sie, wie sich Ihre Bauchdecke sanft hebt, wenn Sie durch die Nase einatmen und senkt, wenn Sie durch den Mund wieder ausatmen.
- Sie sind am Strand, an einem sonnigen, wunderschönen Platz. Ein sanfter Wind bewegt die tiefblauen Wellen und streicht über Ihren Körper.
- Sie genießen den Wind, die Kraft der Sonne und das Meer.
- Atmen Sie ruhig und gelassen. Der Wagen kommt langsam über den goldenen Strand auf Sie zugefahren. Hinter ihm ist der blaue, klare Himmel. Fest hält der Wagenlenker die Zügel in der Hand und vereint die Sphinxe zu einem harmonischen Paar. Das obere

Ende seines Stabes leuchtet im Licht der Sonne. Die Sterne auf dem Dach des Wagens funkeln.

- Der Wagen hält einige Meter von Ihnen entfernt an. Die Sphinxe lassen sich gelassen und ruhig im Sand nieder. Freundlich blickt der Wagenlenker Sie an. Das Wagendach hüllt ihn in helles, klares, blaues Licht, das von funkelnden Sternen durchzogen ist.

- Konzentrieren Sie sich auf dieses Licht und beobachten Sie, wie es in einem sternenfunkelnden, blauen Strom vom Wagenlenker zu Ihnen fließt.

- Das Licht strömt durch Ihren Nabel in Ihren Körper. Es erfüllt Sie mit kühler, klarer Ruhe. Legen Sie Ihre Hände in Gebetshaltung vor Ihr Herz und spüren Sie, wie sich das Licht in Ihrem ganzen Körper ausbreitet.

- Bitten Sie um Führung durch Ihr Höheres Selbst und leiten Sie Ihre Wünsche mit dem aufsteigenden Rauch nach oben.

- Sie fühlen sich ruhig, gelassen und voller Freude. Sie fühlen sich dankbar für den Schutz und die Führung durch Ihr Höheres Selbst und voller Liebe und Dankbarkeit für das Geschenk Ihres Lebens. Atmen Sie tief und ruhig weiter und öffnen Sie nach einiger Zeit die Augen.

Abschluss:

Bleiben Sie noch eine Zeit lang ruhig sitzen und spüren Sie der inneren Reise nach. Schreiben Sie Ihre Wünsche und das Ziel, das Sie anstreben, auf ein Blatt Papier und ergänzen Sie es oder fügen noch Details hinzu. Lesen Sie das Geschriebene immer wieder durch und denken Sie daran, dass Ihr Höheres Selbst Sie auf Ihrem Lebensweg schützt und führt. Achten Sie bewusst auf die Zeichen und die Hilfe, die Sie immer wieder bekommen, wenn Sie sich für den Segensstrom der inneren Führung öffnen.

Aufstellung der Räucherstoffe

Raunacht	Ritual	Pflanzen
4. Dezember	**Räucherritual** „Die Lebenskraft ehren"	**Kirschblüten oder -holz, Myrrhe, Rosenblüten**
20. Dezember	**Räucherritual** „Themen und Bürden loslassen"	**Eibennadeln**
21. Dezember	**Lichtritual**	**Alant, Beifuß, Eichenrinde, Holunderblüten, Johanniskraut, Kiefernharz, Königskerzenblüten, Mistelkraut, Tannennadeln**
	Tarotritual	**Lorbeerblätter, Weihrauch, Zimtrinde**
24. Dezember	**Räucherritual** „Klären und Segnen"	**Alant, Angelika (Engelwurz), Beifuß, Holunderholz, Salbei, Tannenharz, Wacholder, Weihrauch**
	Meditatives Innehalten	**Holunderholz und -blüten, Lindenblüten, Myrrhe, Rose**
	Räucherritual „Die Verbundenheit mit allen Wesen"	**Melisseblätter**
25. Dezember	**Tarotritual**	**Weihrauch**
26. Dezember	**Räucherritual** „Verbindung mit der inneren Stimme"	**Angelika, Beifuß, Dammar, Kalmus, Mastix, Melisse, Propolis, Salbei, Weihrauch**
27. Dezember	**Räucherritual** „Zyklen und Wandel"	**Holunderholz**
	Tarotritual	**Holunderholz, Mistelkraut**
28. Dezember	**Räucherritual** „Die Schatztruhe der Kreativität öffnen"	**Goldcopal**
	Tarotritual	**Kalmuswurzel**
29. Dezember	**Räucherritual** „Die Fäden des Schicksals weben"	**Mistelkraut**

Raunacht	Ritual	Pflanzen
30. Dezember	Räucherritual „Den Geist des alten Jahres einladen"	Weidenrinde
31. Dezember	Räucherritual „Reinigung und Schutz"	Beifuß, Immergrün, Königskerze, Mistel, Wacholder, Weihrauch
	Segensritual	Angelika, Kamillenblüten, Rose
	Tarotritual	Zedernspitzen
1. Jänner	Räucherritual „Schwung und Lebensfreude einladen"	Alant, Angelika, Königskerze, Lavendel, Lemongrass, Rosenblüten, Rosmarin, Sandarak, Weihrauch
	Tarotritual	Dammar, Weihrauch
2. Jänner	Räucherritual „Das Gold in meinem Leben"	Dammar
	Tarotritual	Lorbeerblätter, Stechpalmenblätter
3. Jänner	Räucherritual „Den Energiefluss anregen"	Angelika, Dost, Kiefernharz, Königskerze, Lavendel, Lemongrass, Meisterwurz, Quendel, Weihrauch
	Dankritual	Melisseblätter, Zedernspitzen
4. Jänner	Myrrhe Tarotritual	Eisenkraut, Goldcopal, Zedernspitzen
5. Jänner	Räucherritual „Die Raunächte abschließen"	Alant, Beifuß, Holunderblüten und -holz, Lavendel, Mistel, Myrrhe, Tannenharz, Wacholder, Weihrauch
	Tarotritual	Angelika, Eisenkraut, Lemongrass, Myrrhe, Sandelholz, Wacholder, Weihrauch

Die Autorin

Mag. phil. Renate Kauderer studierte Germanistik und Anglistik in Graz, wo sie heute auch lebt und als Autorin tätig ist. Vor über 30 Jahren kam sie über ein Projekt der Sprachforschung in der Steiermark mit der Kräutertradition und dem Heilkräuterwissen unserer Ahnen in Berührung. Weitere Nachforschungen über die „magischen Zauberpflanzen" führten zu Ausbildungen über Aromatologie und Osmologie mit besonderem Fokus auf die prozessorientierte Duftarbeit. Aus der Freude an der Arbeit mit den Pflanzenwesen und aufgrund der Resonanz, die das Unbewusste auf die Duftbotschaften zeigt, haben sich Seminare für interessierte Menschen entwickelt. Der Brückenschlag zum Wesenhaften der Pflanzensphäre hat sich als inspirierende Erfahrung für viele Menschen erwiesen. Vor 20 Jahren haben Renate Kauderer und ihr Mann ein Haus in den Weinbergen des südlichen Burgenlands entdeckt. Es war Liebe auf den ersten Blick. In einem jahrelangen Prozess wurde ein Teil des Areals in einen Wohlfühlgarten gewandelt, in dem bereits vorhandene alte Bäume liebevoll integriert wurden. Die sanfte, heilende Energie dieses Platzes als Brücke zum Naturbewusstsein bildet den Rahmen für Seminare und Workshops.

Informationen zu Büchern, Ausbildungslehrgängen, Seminaren und Workshops sind auf www.rauch-zeichen.at angeführt. Individuelle Beratungstermine erhalten Sie nach Vereinbarung.
Alle Produkte, die in diesem Buch angeführt sind, sowie eine Auswahl an sorgfältig und fachkundig erstellten Räuchermischungen zu verschiedenen Themenbereichen sind unter
www.rauch-zeichen.at
erhältlich.

Räuchern für die Seele

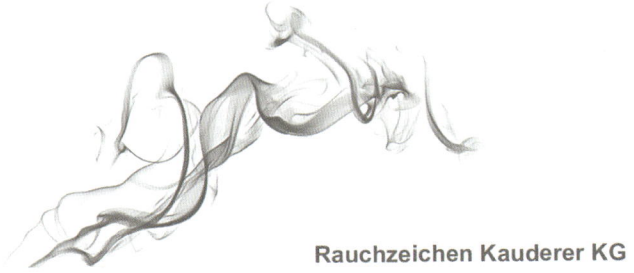

Rauchzeichen Kauderer KG

RK Kräuter College Kauderer KG | Rauchzeichen Kauderer KG
Hugo-Wolf-Gasse 10 | 8010 Graz
Tel.: +43 664 52 49 700 | E-Mail: info(at)rauch-zeichen.at

Quellenverzeichnis

Banzhaf, Hajo: *Schlüsselworte zum Tarot*, 22. Aufl., München: Goldmann 1990.

Botheroyd, S. u. P.F.: *Lexikon der keltischen Mythologie*, 3. Aufl., München: 1995.

Brauner, Franz A.: *Steirisches Brauchtum im Jahrlauf*, Graz: Leykam 1996.

Derungs K., Früh S.: *Der Kult der drei heiligen Frauen*, Grenchen bei Solothurn: edition amalia 2008.

Foster Case, Paul: *Tarot Ein Schlüssel zur Zeitlosen Weisheit*, Schalksmühle: Pomaska-Brand 2006.

Golther, Wolfgang: *Germanische Mythologie*, 4. Aufl., Wiesbaden: matrixverlag GmbH 2011.

Haid, Hans: *Mythos und Kult in den Alpen*, 3. erweiterte Aufl., Rosenheim: Rosenheimer 2002.

Heaven R., Buxton S.: *Darkness Visible*, Destiny Books, Vermont: Rochester 2005.

Henkler, Sven: *Das Wilde Heer, Götter und Geister der dunklen Zeit*, 2. überarbeitete Aufl., Radeberg: Verlag Zeitenwende 2010.

Kauderer, Renate: *Begegnung mit PflanzenSpirits*, 2. Auflage, Graz: print-verlag 2015.

Kauderer, Renate: *Handbuch der heimischen Räucherpflanzen*, 2. erweiterte Aufl., Graz: print-verlag 2015.

Matthews, John: *The Winter Solstice*, Quest Books, Illinois: Wheaton 2003.

Niehörster, Thomas: *Wilde Frauen*, Bad Hindelang: Ursus Verlag 2008.

Peach, Emily: *Das Tarot Werkbuch*, München: Heyne 1990.

Pollack, Rachel: *Tarot 78 Stufen der Weisheit*, Saarbrücken: Iris Verlag – Neue Erde 2008.

Rätsch, C., Müller-Ebeling, C.: *Weihnachtsbaum und Blütenwunder*, 2. Aufl., München: AT Verlag, Aarau 2008.

Rohrecker, Georg: *Druiden, Wilde Frauen, Andersweltfürsten*, Wien: Pichler GmbH & Co KG 2002.

Rohrecker, Georg: *Die Kelten Österreichs*, Wien: Pichler GmbH & Co KG 2003.

Rüttner-Cova, Sonja: *Die gestürzte Göttin*, München: Heyne 4/2000.

Storl, Wolf-Dieter: *Pflanzen der Kelten*, 6. Aufl., Aarau, Schweiz: AT Verlag 2009.

Sills-Fuchs, Martha: *Wiederkehr der Kelten*, Knaur 1983.

Wood, Juliette: *Die Kelten. Weisheit und Mythos*, Weltbild 2000.

Fotos: Quellenverzeichnis

Titelbild/Cover Rückseite: © Fotolia.com (2)
Bilder Innenteil:
Fotolia.com (Seiten: 5, 6, 8, 10, 13, 15, 17, 18, 21, 31, 33, 36, 39, 40, 46, 51, 58-59, 60, 66, 75, 81, 82, 87, 93, 96, 101, 106, 108, 123, 125, 126, 128, 138, 140, 142, 146, 154, 156, 159, 162, 170, 175, 187, 189)
Shutterstock.com (Seiten: 104, 116, 134, 166)
print-verlag (Seite 34)
Seite 38: „Italian - Bracelet - Walters 41269" von Anonym (Italien) - Walters Art Museum: Home page Info about artwork. Lizenziert unter Gemeinfrei über Wikimedia Commons - https://commons.wikimedia.org/wiki/File:Italian_-_Bracelet_-_Walters_41269.jpg#/media/ File:Italian_-_Bracelet_-_Walters_41269.jpg

Handbuch der heimischen Räucherpflanzen

Räucherduft und Rituale zum Wohlfühlen und Krafttanken

Von Renate Kauderer

3. erweiterte Auflage 2023
268 S., Softcover, in Farbe
mit zahlreichen Abbildungen
ISBN: 978-3-9503758-7-9
EUR 19,–

Räucherrituale sind ein sinnlicher Genuss. Sie steigern das Wohlbefinden und wecken die Lebensgeister. Sie erlauben uns, in unserer Mitte zu ruhen, um Kraft für die Herausforderungen des Alltags zu schöpfen.

❦ 69 heimische Räucherpflanzen im Porträt, die mit ausführlichen Erläuterungen ihrer Wirkungsweise, traditioneller und magischer Verwendung, Signaturen und zeitgemäßen Anwendungsmöglichkeiten vorgestellt werden.

❦ Anschauliches Bildmaterial sowie Anleitungen zum Sammeln, Trocknen und Herstellen von Räuchermischungen.

Faszination Räuchern

Kulturgeschichte der Räucherpflanzen
90 Pflanzenporträts
Rituale und praktische Anwendungen

Von Renate Kauderer

1. Auflage Oktober 2015
272 S., Softcover, Farbe, zahlreiche Abbildungen
ISBN: 978-3-9503758-8-6
EUR 24,50

Von Adlerholz bis Zirbelkiefer werden 90 Räucherpflanzen in ihrer Wirkungsweise hinsichtlich ihrer traditionellen, magischen und medizinischen Verwendung sowie mit ihren praktischen Anwendungsmöglichkeiten vorgestellt. Anschauliches Bildmaterial und thematische Zuordnungen führen Sie auf einfache und vergnügliche Weise in die magische Kraft des Räucherns ein.

Das Buch ist eine Brücke zu den Kräften der Natur und Begleiter zum kreativen, inspirierenden Umgang mit Pflanzenenergien.

Der rituelle Jahreskreis
Feste, Bräuche und Rituale im Jahreskreis

Von Renate Kauderer

3. Auflage 2021
244 Seiten, Softcover, Farbe, zahlreiche Abbildungen
ISBN: 978-3-903163-12-6
Euro 19,–

Seit Jahrtausenden feiern Menschen Feste im Jahreskreis, die jeweils bestimmte existenzielle Lebensthemen widerspiegeln.

In vorchristlicher Zeit regierte die Göttin mit dem Lichtgott an ihrer Seite über das Jahr und seine besonderen Wendepunkte, die man als Feste feierte.

In diesem liebevoll gestalteten Buch führt die Autorin Sie auf einer spannenden Reise durch das Brauchtumsjahr zu seinen archaischen Wurzeln in grauer Vorzeit.

Von Maria Lichtmess über Walpurgis und die Sonnenwende bis hin zur Ruhezeit der Raunächte treffen wir auf den Spuren alter Götter und in Begleitung christlicher Heiliger magische Pflanzen, uralte Symbolik und Naturweisheit.

Riten und Feste im Kreis des Lebens

Archaische und zeitgemäße Rituale und Inspirationen für die Wendepunkte im Lebenskreis

Von Renate Kauderer

1. Auflage 2020
244 Seiten, Softcover, Farbe, zahlreiche Abbildungen
ISBN: 978-3-903163-12-6
Euro 19,–

Über alle Zeiten hinweg unterlagen die Feste im Lebenskreis bestimmten Riten und kultischen Handlungen.

Schritt für Schritt führt die Autorin Sie durch zeitgemäße Rituale für die Geburt, die Namensgebung, den Übergang vom Kind zum Erwachsenen, die Hochzeit, die Schwangerschaft, die Erntezeit des Lebens und den Abschied von geliebten Menschen.

In den Ritualen und praktischen Übungen begleiten Sie zeitlose Symbole, Runen, Bäume, astrologische Aspekte, mythische Archetypen und Pflanzenzauber versunkener Zeiten.

Heimische Bäume

Ihr Wesen erkennen und ihre Botschaft verstehen

Botanisches Wissen | Mythen | Heiltradition | Signaturen
Räucherwirkung | meditative Inspirationen
Baumsprache | Arbeit mit dem Kraftfeld

Von Renate Kauderer

2. Auflage 2020
276 S, in Farbe mit zahlreichen Illustrationen
ISBN: 978-3-9503758-0-0
Euro 19,–

Ein stimmungsvolles Buch mit einer Fülle an Informationen, das Sie auf eine spannende Reise in die Welt unserer heimischen Bäume führt.

Seit Urzeiten sind Menschen von Bäumen fasziniert. In vielen Kulturen sind sie als Weltenbaum ein Spiegel der kosmischen Ordnung. In alter Zeit waren sie Symbole für die Anwesenheit göttlicher Weisheit, repräsentierten Kraft, boten Schutz und schenkten heilende, medizinische Substanzen.

33 heimische Bäume werden mit botanischen Daten, forstwirtschaftlichen Aspekten, Signaturen, Legenden, Mythen sowie ihrer volksmedizinischen und magischen Verwendung vorgestellt. Der Bogen spannt sich vom vergessenen Wissen unserer Ahnen bis zum praktischen Nutzen in der Gegenwart.

Forschungsergebnisse belegen die erstaunliche Kommunikation der Bäume mit ihrer Umwelt. Ihre Mythen verbinden uns mit versunkenen Kulturen und erzählen von der tiefen Verbindung zwischen Baum und Mensch. Blüten, Blätter, Rinden, Harze und Hölzer sind Räucherstoffe, die das Wesen des jeweiligen Baumes über ihre Duftbotschaft auf eindrucksvolle Weise erfahrbar machen. Meditative Inspirationen und die Arbeit mit dem Schwingungsfeld des Baumes lassen Sie an der kraftvollen Wesenheit der Bäume teilhaben.

Was Bäume raunen
Baumorakel als Brücke zur inneren Weisheit

54 Orakelkarten & Begleitbuch

Von Renate Kauderer

2. Auflage, August 2016
54 Orakelkarten, in Farbe
mit einem umfangreichen
Begleitbuch mit 134 Seiten
ISBN: 978-3-9503758-1-7
Euro 24,–

Seit Urzeiten existiert ein geheimnisvolles Band zwischen Baum und Mensch. Bäume repräsentierten Kraft und Weisheit. Sie waren Symbole für Schutz, Magie und Liebe über den Tod hinaus. Weltweit begegnen sie uns als Hüter heiliger Stätten. Im Flüstern und Rauschen alter, mächtiger Bäume vernahmen die Seherinnen und Priesterinnen versunkener Kulturen Botschaften aus der geistigen Welt.
Vor allem aber sind Bäume gütige Lehrer, die uns in den Rhythmus der Natur eingliedern, mit ihrer Kraft inspirieren und dem Wissen des Herzens erfüllen.

54 ausdrucksstarke Karten und ihre begleitenden Botschaften verbinden Sie mit der Weisheit der Bäume. Als Baumorakel oder inspirierender Hinweis für den Alltag schenken Ihnen die Botschaften Einblick in Ihre gegenwärtige Lebenssituation.

54 Karten mit Begleitbuch

Bäume aus aller Welt

Kraft und Inspiration aus der Natur

Botanische Daten | Mythen | Symbolik | Heiltradition
magische Überlieferung | Räucherwirkung

Von Renate Kauderer

1. Aufl. September 2014
23 Bäume in Farbe mit zahlreichen Illustrationen, 168 Seiten
ISBN: 978-3-9503758-6-2
Euro 13,50

Ein faszinierendes Buch, das Sie auf eine inspirierende Entdeckungsreise zu Baumpersönlichkeiten auf allen Kontinenten führt. Im Laufe der Zeitalter wandelten die Giganten der Pflanzenwelt das Antlitz der Erde nachhaltiger als jedes andere Lebewesen. Viele Völker überliefern sie als archaisches Sinnbild der Schöpfung, als Wächter sakraler Orte, Symbol göttlicher Kraft und Tor zur geistigen Welt.

Im zweiten Teil der Baumreihe werden 23 Bäume aus aller Welt mit botanischen Daten, forstwirtschaftlichen Informationen, Legenden, Mythen, kosmischen Einflüssen sowie volksmedizinischer und magischer Überlieferung in ihrem kulturellen Kontext vorgestellt.

Ihre Blüten, Blätter, Rinden, Harze und Hölzer unterstützen als heilsame Räuchersubstanzen seit Jahrtausenden unser Wohlbefinden.

Tauchen Sie ein in die Welt der Bäume, um Ruhe, Kraft und Inspiration aus dem Reich der Natur zu erfahren.

Aromatherapie mit Räucherpflanzen

Das Praxisbuch für die aromatherapeutische Anwendung von Räucherpflanzen

Von Renate Kauderer

1. Auflage September 2017
242 Seiten, Softcover, Farbe, zahlreiche Abbildungen
ISBN: 978-3-903163-07-2
Euro 19,–

In diesem Handbuch für die Praxis stellt die Autorin 63 Räucherpflanzen mit ihrer Tradition in der Räucherheilkunde, ihren Inhaltsstoffen und deren Wirkung sowie praktischen Anwendungsmöglichkeiten umfassend vor.

Mythen als Spiegel der Seele
Mythenorakel als Tor zur inneren Weisheit

Kartenset mit 45 Karten   Von Renate Kauderer

1. Auflage November 2017
45 Karten mit Begleitbuch mit 212 Seiten, Softcover
ISBN: 978-3-903163-09-6
Euro 24,–

Mythen entführen uns in eine Welt voller Zauber und Weisheit.
In diesem Buch sind die Mythen mit ihren archetypischen Kräften ein Tor zur inneren Weisheit.

45 zauberhafte Karten und ihre Begleittexte verbinden Sie mit der Botschaft der Mythen. Als inspirierender Hinweis für den Alltag helfen Ihnen diese Botschaften dabei, Verborgenes aus der Welt des Unbewussten oder der höheren Sicht der Seele wahrzunehmen.

Verschiedene Legemethoden, innere Reisen und viele kreative Anregungen ermöglichen die Verbindung mit der jeweiligen Kraft der Mythen und ihrer archaischen Magie.

Begegnung mit PflanzenSpirits
Die Botschaft der Pflanzenseele als Schlüssel zum Unbewussten

Von Renate Kauderer

63 Pflanzenkarten
9 Pfadkarten & Begleitbuch

2. Auflage April 2015
63 Pflanzen- u. 9 Pfadkarten, in Farbe mit einem umfangreichen Begleitbuch mit 160 Seiten
ISBN: 978-3-9503758-4-8
Euro 24,–

In 63 liebevoll gestalteten Pflanzenporträts erkennen wir in der Botschaft der Pflanzenseele die tiefen Zusammenhänge unserer gegenwärtigen Lebenssituation. Der Kontakt mit diesen Naturwesen aus dem Pflanzenreich schenkt uns schöpferische Impulse, um unbewusste Denk- und Verhaltensmuster, die Hindernisse auf unserem Weg sind, zu erkennen. Wir erhalten durch diese Begegnung wertvolle Hinweise für unsere nächsten Entwicklungsschritte.

KINDERBÜCHER

Der kleine Zauberrabe

Renate Kauderer
Liliane Oser

1. Auflage März 2022
Band 1 – 68 Seiten, Hardcover, gebunden
ISBN: 978-3-903163-17-1
Euro 13,90

Als der kleine Rabe Hugin aus dem Nest fällt und sich ein Bein bricht, beginnt sein aufregender Weg als Zauberlehring.
Mithilfe seines vorlauten Zauberstabes und seiner Freunde, der unerschütterlichen Dachsdame Berta und dem hilfsbereiten Häschen Tilli, löst der pfiffige Hugin viele knifflige Situationen. Er entdeckt, dass man mit Zauberkünsten viel Unfug anstellen kann und lernt, dass Missgeschicke nicht das Ende der Welt sind.
Vor allem aber lernt er, dass gute Freunde der beste Zauber der Welt sind.

Neue Abenteuer vom kleinen Zauberraben

Renate Kauderer
Liliane Oser

1. Auflage März 2023
Band 2 – 72 Seiten, Hardcover, gebunden
ISBN: 978-3-903163-19-5
Euro 14,90

Der pfiffige kleine Zauberrabe Hugin und seine Freunde erleben spannende Abenteuer.
Eine alte Freundin ist in großer Gefahr und ein trauriger Drache will den Schatz der Zwerge nicht mehr bewachen. Als auch noch ein junger Wachhund auf dem Bauernhof alles durcheinanderbringt, muss Hugin eingreifen. Zuerst aber muss der kleine Zauberrabe einem frechen Kobold helfen, der sein Zuhause auf den Kopf stellt. Wird ihm das gelingen?
Ein Glück, dass Hugin so rabenschlau ist und so mutige Freunde hat.